Frauke Rose

# INSEL-BUCH

www.Insel-Buch.de

# Inhalt

| | |
|---|---|
| 6 | Vorwort |
| 8 | Allgemeine Hinweise |
| 10 | Umrechnungstabelle für Backformen |

## *Fruchtig*

| | |
|---|---|
| 14 | Apfel-Mohn-Torte |
| 16 | Banane |
| 18 | Bananenkuchen |
| 20 | Birne |
| 22 | Birne-Eierlikör |
| 24 | Birne-Kokos |
| 25 | Erdbeere |
| 28 | Erdbeerkuchen |
| 30 | Gedeckter Apfelkuchen |
| 32 | Himbeere |
| 34 | Grüntee-Himbeer-Torte |
| 36 | Heidelbeere |
| 38 | Heidelbeerkuchen |
| 40 | Himbeer-Sahne-Crunch |
| 42 | Käsekuchen-Waldbeeren |
| 44 | Orange |
| 46 | Orangen-Upside-Down |
| 48 | Chia-Samen |
| 50 | Orangen-Chia-Sandkuchen |
| 52 | Pflaumen |
| 54 | Pflaume-Mohn |
| 56 | Pflaumenkuchen |
| 58 | Pflaumenkuch mit Baiser |
| 60 | Rhabarber-Tarte |

## *Schokoladig*

| | |
|---|---|
| 64 | Brownie hell und dunkel |
| 65 | Kokos-Brownie |
| 66 | Espresso |
| 67 | Latte Macchiato |
| 70 | Nougat-Birne-Torte |
| 72 | Schoko-Sahne-Traum |
| 74 | Schokokuchen mit Erdnuss Karamell |
| 76 | Schokoladentarte mit Himbeeren |
| 78 | Whiskey-Brownie |

## *Cremig*

| | |
|---|---|
| 81 | Apfel |
| 82 | Apfelschorlen-Torte |
| 86 | Baileyskuchen |
| 88 | Friesischer Kuchen |
| 90 | Grüntee-Apfel-Torte |
| 92 | Johannisbeer-Joghurt |
| 94 | Käsekuchen mit Mohn |
| 96 | Limetten-Erfrischung |
| 98 | Flocken-Mandarinen-Torte |
| 99 | Stachelbeere |
| 100 | Marzipan-Stachelbeer-Torte |
| 104 | Pflaumentorte |

### Nussig

| | |
|---|---|
| 111 | Haslenuss |
| 112 | Baileys-Torte |
| 116 | Birne-Haselnuss-Streusel |
| 118 | Feige-Walnuss-Amaretto |
| 120 | Mandel Kuchen |
| 124 | Haselnusskuchen |
| 126 | Kokos Sandkuchen |
| 128 | Mandarine-Kokos |
| 130 | Pistazien-Espresso-Taler |
| 132 | Rührkuchen mit Karamell |
| 134 | Sesam-Erdnuss-Taler |
| 136 | Weiße Nussecken |

### wenig Zucker

| | |
|---|---|
| 140 | Apfel-Zucchini-Kuchen |
| 142 | Dattel Balls |
| 144 | Stachelbeer mit Dinkelmehl |
| 146 | Süßkartoffel Kekse |

### Vegan

| | |
|---|---|
| 150 | Apfel-Dinkel-Kuchen |
| 151 | Avocado |
| 152 | Avocado-Kokos-Waldbeere |
| 156 | Kirsch Brownie |
| 158 | Kirschstreusel |
| 160 | Mandelkuchen |
| 162 | Nussecken |
| 166 | Prosecco-Mandarine |
| 168 | Sanddorn-Joghurt-Kuchen |
| 170 | Schoko-Kecks-Ecken |
| 172 | Schokokuchen mit Orange |
| 174 | Zitronen-Tarte |

### Glutenfrei

| | |
|---|---|
| 180 | Apfel-Mohn-Kuchen |
| 182 | Apfel-Pudding |
| 184 | Cappuccino-Torte |
| 188 | Hafer-Whoopies |
| 190 | Himbeer-Brownie |
| 192 | Joghurtcreme Torte |
| 194 | Pfirsich |
| 196 | Käsekuchen mit Pfirsich |
| 198 | Kiba-Torte |
| 202 | Mandarine-Quark |
| 204 | Mohn-Rhabarber-Streusel |
| 206 | Nusstorte |
| 208 | Pfirsich-Creme |
| 210 | Pflaumenkuchen |
| 212 | Rhabarber Kuchen |
| 214 | Sahne-Torte |
| 216 | Sanddorn-Käsekuchen |
| 218 | Schoko-Torte |
| 220 | Stachelbeer-Baiser |

### Favoriten

| | |
|---|---|
| 224 | Eierlikör-Torte |
| 228 | Orangenkuchen |
| 230 | schneller Bienenstich |
| 232 | weiße Rumkugel |

Impressum

Rezeptentwicklung, Text, Fotos und Gestaltung:
Frauke Rose
Druckerei: Wir machen Druck GmbH, Backnang
1. Auflage 2019

Alle Angaben in diesem Buch wurden von mir als Autorin sorgfältig recherchiert. Für die Richtigkeit der Angaben kann jedoch keinerlei Haftung übernommen werden.
Bei Fragen, Anregungen und Tipps
kontaktieren Sie mich gerne.

Frauke Rose
Carl-Stegmann Str. 6a
26571 Juist
E-mail: frauke.rose@gmx.de

Liebe Backliebhaberinnen, liebe Backliebhaber

die einen lieben eine Stulle Brot mit herzhaftem Aufstrich zum Tee oder Kaffee zwischendurch oder ganz klassisch am Nachmittag. Ich jedoch liebe die süße Variante.
Dies liegt wohl in den Genen.
Mein Opa, Onkel, Cousin sowie Cousine sind Bäcker.
Mein Wissen erweiterte ich in verschiedenen Praktikas wie z.B. bei der Konditorei Knigge in Bremen, Bäckerei Remmers auf Langeoog und der Teilnahme an verschieden Backkursen.
Es entsteht eine Vorfreude neue Rezepte auzuprobieren, die Spannung den Kuchen im Ofen zu beobachten, wie er sich verändert und man hofft, dass er gelingt.
Der Duft in der Küche treibt die Freude auf das Geschmackserlebnis nach oben.
Anschließend darf geschlemmt werden. Ob mit Freunden, Familie, Bekannten oder einfach alleine. Beim Schlemmen des Kuchens kann man für einen kurzen Moment seine Umgebung vergessen und einfach genießen.

Sollten Sie Fragen und Anregung haben,
kontaktieren Sie mich gerne.
frauke.rose@gmx.de

**Online Shop: www.Insel-Buch.de**

# Allgemeine Hinweise zum Buch

## Zubereitungszeit:
Die Zubereitungszeit beinhaltet nur die Zeit für die eigentliche Zubereitung, die Backzeiten sind gesondert ausgewiesen. Längere Wartezeiten wie z.B. Kühlzeiten sind nicht einbezogen.

## Arbeitsschritte:
Die Arbeitsschritte sind der Reihe nach aufgeführt, so wie sie von mir ausprobiert wurden.

## Backofeneinstellungen:
Die in den Rezepten angegebenen Backtemperaturen und -zeiten sind Richtwerte, die je nach individueller Hitzeleistung Ihres Backofens über- oder unterschritten werden können.
Machen Sie nach Beendigung der angegebenen Backzeit eine Garprobe, indem Sie mit einem Holzstäbchen in den Kuchen stechen. Sollte der Teig noch am Spieß kleben, ist der Kuchen noch nicht vollständig durchgebacken.

## Abkürzungen:
EL – Esslöffel
kg – Kilogramm
ml – Milliter
Päck. – Päckchen
g – Gramm
l – Liter
Msp. – Messerspitze

Damit Ihnen die Rezepte gelingen, ist es wichtig, dass die Mengenangaben und Maße korrekt eingehalten werden.
Ich hoffe, dass auch Sie sich in die tollen Kuchen verlieben und Sie Freunde und Familie bei der nächsten Kaffeetafel beeindrucken werden.

# Umrechnungstabelle für Backformen

Eine kleine Hilfe um das Rezept der gewünschten Größe umzurechnen.

Ist das Rezept für eine 26 cm Durchmesser Springform und ich möchte mit einer 18 cm Springform backen, müssen alle Zutaten mit dem Wert 0,48 multipliziert werden.
Ist das Rezept für eine Springform mit 18 cm Durchmesser und ich möchte eine 26 cm Springform benutzten, werden alle Zutaten mit dem Wert 2,08 multipliziert.

| Gewünschte Größe in cm | Backform laut Rezept in cm | | | | | | | |
|---|---|---|---|---|---|---|---|---|
| | 18 | 20 | 22 | 24 | 26 | 28 | 30 | 32 |
| 18 | 1 | 0,81 | 0,67 | 0,56 | 0,48 | 0,41 | 0,36 | 0,32 |
| 20 | 1,23 | 1 | 0,83 | 0,7 | 0,6 | 0,51 | 0,44 | 0,39 |
| 22 | 1,49 | 1,21 | 1 | 0,84 | 0,72 | 0,62 | 0,54 | 0,47 |
| 24 | 1,77 | 1,44 | 1,19 | 1 | 0,85 | 0,73 | 0,64 | 0,56 |
| 26 | 2,08 | 1,69 | 1,39 | 1,17 | 1 | 0,86 | 0,75 | 0,66 |
| 28 | 2,41 | 1,96 | 1,62 | 1,36 | 1,16 | 1 | 0,87 | 0,77 |
| 30 | 2,77 | 2,25 | 1,86 | 1,56 | 1,56 | 1,56 | 1,56 | 1,56 |
| 32 | 1,56 | 1,56 | 1,56 | 1,56 | 1,56 | 1,56 | 1,56 | 1,56 |

# KUCHEN
### HAT NUR WENIG VITAMINE,
deshalb muss man
*viel davon essen!*

# Fruchtig

Apfel-Mohn-Torte
Bananenkuchen
Birne-Eierlikör
Birne-Kokos
Erdbeerkuchen
Gedeckter Apfelkuchen
Grüntee-Himbeer-Torte
Heidelbeerkuchen
Himbeer-Sahne-Crunch
Käsekuchen mit Waldbeere
Orangen-Upside-Down
Orangen-Chia-Sandkuchen
Pflaume-Mohn
Pflaumenkuchen
Pflaumenkuchen mit Baiser
Rhabarber-Tarte

# Apfel-Mohn-Torte

Springform: 26 cm | Zubereitungszeit: ca. 30 Min.

**Rührteig:**
200 g Butter
150 g Zucker
3 Eier
100 g Mehl
100 g Speisestärke
1 TL Backpulver
3 EL Milch
250 g backfertiger Mohn

**Apfel-Schicht:**
1 Bio Zitrone
750 g Äpfel (Elster)
50 g Zucker
100 ml Apfelsaft
1 Päck. Vanillepuddingpulver

**Creme-Schicht:**
500 g Magerquark
250 g Frischkäse
50 g Zucker

## Vorbereitung:
Boden der Backform fetten und den Backofen vorheizen.
Ober-/Unterhitze: etwa 180 °C, Heißluft: etwa 160 °C

## Rührteig:
Butter und 100 g Zucker cremig rühren.
Die Eier trennen und das Eigelb einzeln in die Butter-Zucker-Masse unterrühren. Das Mehl mit der Stärke und dem Backpulver in die Masse geben. Milch zügig hinzufügen.
Das Eiweiß steif schlagen. 50 g Zucker einrieseln lassen.
Den Eischnee vorsichtig unter den Teig heben.
3 EL Teig mit dem Mohn verrühren. Den restlichen Teig in die Form geben und glatt streichen.
Die Mohn-Teig-Masse als Klecks darauf geben und mit einer Gabel spiralförmig unterrühren.
Im Backofen ca. 45 Min. backen.

## Apfel-Schicht:
Die Zitrone heiß waschen, die Schale fein abreiben und den Saft auspressen.
Die Äpfel schälen, vierteln, entkernen und in Würfel schneiden.
Diese Würfel mit 5 EL Apfelsaft, 50 g Zucker und der Hälfte vom Zitronensaft 5 Min. dünsten.
Das Puddingpulver und den restlichen Apfelsaft verrühren und zur kochenden Apfelmasse geben. Nochmal aufkochen, dann abkühlen lassen.

## Creme-Schicht:
Magerquark, Frischkäse, Zitronenschale, restlichen Zitronensaft und Zucker mit dem Mixer (Rührbesen) verquirlen.
Die Creme auf den Kuchen streichen. Die kalte Apfelmasse darauf geben und die Torte mind. 2 Std. kalt stellen.

## Tipp

Eine Backform sollte nicht mehr als 1/2 bis maximal 2/3 mit Teig gefüllt sein, damit der Kuchen noch genügend Platz hat um aufzugehen ohne überzulaufen. Gleiches gilt für Muffinförmchen.

# Banane

Saison: ganzjährig

... sind toll beim Sport

... können beim Abnehmen helfen

... wirken beruhigend

... helfen bei Bauchschmerzen

... machen gute Laune

... Banenschalen eignen sich prima als Dünger für Rosen

... können Kopfweh auslösen

# Bananenkuchen

Kastenform: 11 cm x 25 cm | Zubereitungszeit: ca. 30 Min.

**Rührteig:**
3 reife Bananen (ca. 420 g)
180 g Butter
180 g Rohrzucker
3 Eier
350 g Mehl
3 TL Backpulver
1 Prise Salz
100 g Joghurt, stichfest

**Guss:**
40 g Haselnusskerne
200 g Zartbitter Kuvertüre

**Vorbereitung:**
Backform fetten und Backofen vorheizen.
Die Haselnusskerne in einem Gefrierbeutel etwas zerkleinern.
Ober-/Unterhitze: etwa 180 °C, Heißluft: etwa 160 °C

**Rührteig:**
Bananen schälen und mit der Gabel zu Mus zerdrücken.
Butter und Zucker mit dem Mixer (Rührbesen) cremig schlagen.
Eier nach und nach dazugeben.
Bananenmus, Mehl, Backpulver und Salz unterrühren.
Joghurt unterheben und den Teig in die Backform geben.
Den Kuchen für ca. 60 Min in den Ofen schieben.

**Guss:**
Zartbitter Kuvertüre langsam in der Mikrowelle schmelzen lassen und über den Kuchen gießen.
Die Haselnüsse auf den Kuchen streuen.

## *Tipp*

Arbeitet man beim Backen mit einem Thermometer ist die Temperatur beim normal ausgebackenem Sandkuchen bei 94 °C.

# Birne

**Saison: Juli - Dezember**

... lindern Gelenkschmerzen

... können bei Diabetes helfen

... bieten B-Vitamine

... sind besonders bekömmlich

... machen geistig fit

... besser nur reif essen

# Birne-Eierlikör

Springform: 26 cm | Zubereitungszeit: ca. 45 Min.

**Rührteig:**
3 Birnen (ca. 750 g)
250 g Butter
200 g Zucker
1 Prise Salz
1 Päck. Vanillezucker
5 Eier
375 g Mehl
1 Päck. Backpulver
275 ml Eierlikör

**Guss:**
100 g weiße Kuvertüre

**Vorbereitung:**
Birnen schälen, Kerngehäuse entfernen und in Würfel schneiden. Backform fetten und mit Mehl bestäuben. Ofen vorheizen.
Ober-/Unterhitze: etwa 180 °C, Heißluft: etwa 160 °C

**Rührteig:**
Butter, Zucker, Salz und Vanillezucker mit dem Mixer (Rührbesen) cremig rühren. Eier nach und nach unterrühren.
Mehl und Backpulver abwechselnd mit dem Eierlikör unterrühren. 1/3 des Teiges in die Form geben und die Hälfte der Birnen darauf verteilen. Die Hälfte des restlichen Teigs darauf geben, restliche Birnen darauf verteilen und den übrigen Teig darauf glatt streichen. Den Kuchen für 1 Std. und 15 Min. backen.

**Guss:**
Kuvertüre schmelzen und ein Gitter über den Kuchen ziehen.

# Birne-Kokos

Springform: 26 cm | Zubereitungszeit: ca. 30 Min.

**Rührteig:**
1 Bio Zitrone (Saft und Abrieb)
60 g Butter
150 g Zucker
1 Prise Salz
1 Vanilleschote
3 Eier
125 g gemahlene Mandeln
100 g Kokosflocken
125 g Mehl
2 TL Backpulver
5 kleine Birnen oder 1 Dose (ca. 900 g)

**Vorbereitung:**
Die Birnen aus der Dose abtropfen lassen und in Spalten schneiden. Bei der Variante mit den frischen Birnen zusätzlich die Schale entfernen und in Spalten schneiden.
Backform einfetten und mit Mehl bestäuben. Ofen vorheizen.
Ober-/Unterhitze: etwa 180 °C, Heißluft: etwa 160 °C

**Rührteig:**
250 g Birnen und 3 EL Zitronensaft mit dem Stabmixer pürieren.
Butter, Zucker, Salz, Vanillemark und die Hälfte von der Zitronenschale mit dem Mixer (Rührbesen) verquirlen. Eier nacheinander unterrühren. Masse ca. 3 Min. weiterschlagen.
Mandeln, Kokosflocken und Birnenpüree unterrühren. Mehl und Backpulver darauf sieben und kurz unterrühren.
Teig in die Form geben und die Birnenspalten dicht an dicht verteilen.
Den Kuchen für ca. 50 Min. backen.

fruchtig

Erdbeeren sind gar keine Beeren, sondern werden botanisch den Nüssen zugeordnet.

# Erdbeere

Saison: Mai, Juni, Juli

... stärken die Abwehrkraft

... sind super Schlankmacher

... halten geistig fit

... punkten mit Vitaminen

... liefern viel Folsäure

... helfen dem Herz

# Erdbeerkuchen auf Schokoladenboden

Springform: 26 cm | Zubereitungszeit: ca. 40 Min.

**Boden:**
70 g Blockschokolade
100 g Butter
60 g Zucker
2 Eier
50 g Mehl
1 TL Backpulver
60 g gemahlene Mandeln

**Füllung:**
250 ml Schlagsahne
125 g Magerquark
70 g Zucker
1 Bio Zitrone (Saft und Abrieb)
1 ½ Beutel (je 15 g) Gelatine Fix von Dr. Oetker

**Belag:**
1 kg Erdbeeren
12 g Speisestärke
2 EL Zucker
250 ml Wasser

## Vorbereitung:
Die Blockschokolade reiben.
Boden der Backform fetten und mit Backpapier auslegen.
Den Backofen vorheizen.
Ober-/Unterhitze: etwa 180 °C, Heißluft: etwa 160 °C

## Boden:
Butter und Zucker mit dem Mixer (Rührbesen) cremig rühren.
Jedes Ei ½ Min. unterrühren. Mehl, Backpulver und Mandeln unterheben. Den Teig auf das Backpapier geben und für ca. 20 Min. in den Ofen schieben.

## Füllung:
Die Sahne steif schlagen. Den Quark mit Zucker, Zitronensaft und Abrieb verrühren. Die Gelatine mit dem Schneebesen in die Quarkcreme einrühren. Die Sahne unterheben.
Die Quark-Sahne-Creme auf den ausgekühlten Boden geben und glatt streichen.
Anschließend 3 Std. kühl stellen.

## Belag:
Die Erdbeeren waschen, abtropfen lassen und die Kelchblätter entfernen. Erdbeeren auf die Creme verteilen.
Wasser, Zucker und Speisestärke in einen Topf geben und kurz aufkochen lassen.
Den Guss nun zügig mit einem Esslöffel auf den Früchten verteilen. Abkühlen lassen.

# Gedeckter Apfelkuchen

Springform: 26 cm | Zubereitungszeit: ca. 40 Min.

**Boden:**
300 g Mehl
50 g Zucker
190 g Butter
40 ml kaltes Wasser

250 g Apfelmus
70 g Zucker
100 g gehackte Mandeln
1 TL Zimt

**Füllung:**
600 g Äpfel (z.B. Elster)
3 EL Zitronensaft
50 g Rosinen

**Guss:**
250 g Puderzucker
3 EL Zitronensaft

**Vorbereitung:**
Äpfel schälen, vom Kerngehäuse befreien und in feine Scheiben schneiden. Mit 3 EL Zitronensaft beträufeln.
Backform fetten und den Backofen vorheizen.
Ober-/Unterhitze: etwa 180 °C, Heißluft: etwa 160 °C

**Knetteig:**
Mehl, Zucker, Butter und Wasser mit dem Mixer (Knethaken) verquirlen. Den Teig 15 Min. kalt stellen.
Den Teig halbieren und auf einer bemehlten Arbeitsfläche zwei Teigplatten ausrollen. Eine Platte in die Form legen und einen Rand hochziehen.

**Füllung:**
Apfelmus mit Zucker, Mandeln und Zimt verrühren und die Rosinen sowie Apfelscheiben unterheben.
Die Apfelmasse in die Form geben und die zweite Teigplatte darüberlegen. Im Ofen ca. 50 Min. backen.

**Guss:**
Puderzucker sieben, mit Zitronsaft verrühren und mit einem Pinsel oder Esslöffel auf den Kuchendeckel streichen.

fruchtig

## Tipp

Sind Ihnen auch schon mal Mandeln beim rösten in der Pfanne angebrannt, weil man kurz abgelenkt war?
Mein Tipp. Mandeln auf ein mit Backpapier belegtes Backblech legen und im Ofen bei ca. 160 °C ein paar Minuten rösten.
Zwischendurch einmal wenden.

# Himbeeren

**Saison: Juni - August**

... fördern die Blutbildung

... wirken sanft entwässernd

... schütz die Zellen

... helfen beim Detoxing

... stärken Knochen und Zähne

... regen die Verdauung an

# Grüntee-Himbeer-Torte

Springform: 26 cm | Zubereitungszeit: ca. 40 Min.

**Boden:**
8 Eiweiße
1 Prise Salz
250 g Puderzucker
240 g Butter
100 g Mehl
120 g gemahlene Mandeln
1 EL Grünteepulver

**Füllung:**
100 g weiße Kuvertüre
100 g Frischkäse
2 EL Creme Fraîche

**Belag:**
600 g Himbeeren
12 g Speisestärke
2 EL Zucker
250 ml Wasser
20 g Mandelblättchen

**Vorbereitung:**
Mandelblättchen in der Pfanne oder im Ofen anrösten.
Boden der Backform fetten. Den Backofen vorheizen.
Ober-/Unterhitze: etwa 180 °C, Heißluft: etwa 160 °C

**Boden:**
Eiweiße mit Salz verquirlen. Puderzucker zum Eiweiß sieben und steif schlagen. Mehl, Mandeln und Grünteepulver unter den Eischnee heben. Flüssige Butter unterziehen.
Den Teig in die Form geben und ca. 30 Min backen.

**Füllung:**
Kuvertüre schmelzen.
Frischkäse mit Creme Fraîche verrühren und Kuvertüre hinzufügen.
Die Creme auf den ausgekühlten Boden geben.

**Belag:**
Himbeeren auf die Creme verteilen. Wasser mit Speisestärke verrühren. Zucker hinzugeben und aufkochen lassen.
Den Guss mit einem Esslöffel über die Himbeeren geben.
Mit Mandeln dekorieren und den Kuchen 30 Min. kalt stellen.

**Backen**
*ist aus Teig*
g e f o r m t e
♥ LIEBE ♥

# Heidelbeere

### Saison: Juni - Oktober

... schützt das Herz

... halten jung und fit

... bekämpfen Krankheitserreger

... helfen beim Detoxing

... fördern die Blutbildung

... senken das Blutfett

# Heidelbeerkuchen mit Karamelldecke

Springform: 26 cm | Zubereitungszeit: ca. 60 Min.

**Rührteig:**
250 g Heidelbeeren
125 g Butter
100 g Zucker
1 Päck. Vanillezucker
1 Prise Salz
1 Bio Zitrone (Abrieb)
2 EL Zitronensaft
3 Eier

250 g Mehl
1 ½ TL Backpulver
200 g Joghurt (3,5 %)

**Mandelschicht:**
150 g Mandelblättchen
140 g Butter
140 g Zucker
2 EL Honig

**Vorbereitung:**
Heidelbeeren waschen und abtropfen lassen.
Gefrorene Beeren in einem Sieb auftauen lassen.
Backform fetten und mit Mehl ausstreuen. Backofen vorheizen.
Ober-/Unterhitze: etwa 180 °C, Heißluft: etwa 160 °C

**Rührteig:**
Butter, Zucker, Vanillezucker, Salz und Zitronenschale mit dem Mixer (Rührbesen) verquirlen.
Eier nacheinander unterrühren. Die Zitronen auspressen und 2 EL Saft zum Joghurt mischen. Mehl und Backpulver mischen und abwechselnd mit dem Joghurt unterrühren.
Den Teig in die Form geben und glatt streichen.
Die Heidelbeeren auf den Teig verteilen.
Die Backform für ca. 25 Min. in den Ofen schieben.

**Mandelschicht:**
Mandelblättchen, Butter, Zucker und Honig in einem Topf unter Rühren aufkochen.
Mandelmasse auf dem Kuchen verteilen und weitere 15-20 Min. backen. Anschließend auskühlen lassen.

# Himbeer-Sahne-Crunch

Springform: 26 cm | Zubereitungszeit: ca. 45 Min.

**Boden:**
120 g Butter
150 g Zucker
1 TL Vanillemark
3 Eier
60 ml Milch
180 g Mehl
½ TL Backpulver

**Creme:**
250 g Himbeeren
250 g Schlagsahne
2 EL Puderzucker
50 g Baiser (fertig gekauft)

**Vorbereitung:**
Backform fetten und Backofen vorheizen.
Ober-/Unterhitze: etwa 180 °C, Heißluft: etwa 160 °C

**Boden:**
Butter und Zucker mit dem Mixer (Rührbesen) schaumig schlagen. Vanille und Eier unterquirlen. Milch hinzufügen. Anschließend Mehl und Backpulver unter die Creme heben. Den Teig in die Form geben und ca. 20 Min. backen.

**Creme:**
220 g Himbeeren in eine Schüssel geben und mit einer Gabel leicht zerdrücken. Sahne mit Puderzucker steif schlagen.
Baiser mit den Fingern zerbröseln und mit den Himbeeren unter die Sahne heben.
Die Creme auf den Boden streichen und mit den restlichen ganzen Himbeeren dekorieren.

# Käsekuchen mit Waldbeeren

Springform: 26 cm | Zubereitungszeit: ca. 30 Min.

**Boden:**
50 g Butter
50 g Zucker
1 Päck. Vanillezucker
1 Prise Salz
1 Ei
100 g Mehl
½ gestr. TL Backpulver

**Füllung:**
500 g Magerquark
125 g Zucker
2 EL Zitronensaft
2 Eier
40 g Speisestärke
50 g Butter
300 g Beerenfrüchte

**Vorbereitung:**
Backform fetten und den Backofen vorheizen.
Ober-/Unterhitze: etwa 180 °C, Heißluft: etwa 160 °C

**Boden:**
Butter, Zucker, Vanillezucker, Salz und das Ei mit dem Mixer (Knethaken) verquirlen. Mehl und Backpulver hinzufügen. Den Teig an den Boden der Form drücken.

**Füllung:**
Quark mit Zucker, Zitronensaft, Eiern und Speisestärke mit dem Mixer (Rührbesen) glatt rühren. Zum Schluss die flüssige Butter unterziehen. Die Quarkmasse gleichmäßig auf dem Boden streichen. Beerenfrüchte auf der Quarkmasse verteilen.
Im Ofen für ca. 60 Min. backen.

## Tipp
## Orangenschale
## zu Orangenpulver verarbeiten.

Die Orange mit Hilfe eines Kartoffelschälers schälen. Die Schale im Ofen oder auf der Heizung trocknen. Wichtig ist, dass die Schale richtig hart und spröde ist.
Danach werden die Schalen im Standmixer verkleinert.
Das Pulver kann als Aroma, Dekoration oder als Tee verwendet werden.

# Orange

**Saison: Juni - Oktober**

... stärken das Immunsystem

... sorgen für gutes Sehen

... sind als Saft extra gesund

... können Herzkranken schaden

... machen glücklich

... schützen vor Krankheiten

# Orangen Upside-Down

Springform: 26 cm | Zubereitungszeit: ca. 40 Min.

**Orangen-Schicht:**
2 Bio Orangen
100 g Zucker
50 ml Wasser
2 EL Butter
1 Prise Salz

**Rührteig:**
2 Eier
150 ml Buttermilch
250 g Mehl
100 g Zucker

**Vorbereitung:**
Backform fetten und Ofen vorheizen.
Orangen heiß waschen und in ca. 5 mm dicke Scheiben schneiden.
Ober-/Unterhitze: etwa 180 °C, Heißluft: etwa 160 °C

**Orangen-Schicht:**
Zucker mit Wasser aufkochen und bei niedriger Stufe köcheln lassen bis der Zucker karamellisiert. Karamell vom Herd nehmen.
Butter und Salz unterrühren.

**Rührteig:**
Eier und Buttermilch mit dem Mixer (Rührbesen) verquirlen.
Mehl und Zucker dazugeben und zu einem glatten Teig verrühren.
Orangenschalen auf den Boden legen. Karamellsoße darauf verteilen und Teig vorsichtig verstreichen.
Den Kuchen für ca. 30 Min. backen.
Anschließend abkühlen lassen und vorsichtig stürzen.

## Tipp

Die Zutaten sollten die gleiche Temperatur haben, am besten Zimmertemperatur. Einzige Ausnahme:
Es ist im Rezept anders angegeben.
Am einfachsten kalte Zutaten eine Stunde vor dem Zubereiten aus dem Kühlschrank nehmen. So können diese die Zimmertemperatur annehmen.
Die Bachzutaten lassen sich so leichter vermengen und reagieren besser miteinander.

# Chia-Samen

## Saisonunabhängig

... bieten viele Ballaststoffe

... stärken das Immunsystem

... können blutverdünnend wirken

... enthalten viel Magnesium

... fördern die Blutbindung

... schützen die Gefäße

# Orangen-Chia-Sandkuchen

Kastenform: 11 cm x 25 cm | Zubereitungszeit: ca. 30 Min.

**Rührteig:**
175 g Butter
200 g Zucker
3 Eier
2 Bio Orangen (Saft und Abrieb)
200 g glutenfreies Mehl (z.B. von Schär)
100 g gemahlene Mandeln
3 TL Backpulver
1 Prise Salz
50 g Kokosflocken
75 ml Wasser
2 EL Chiasamen

**Vorbereitung:**
Backform fetten und Backofen vorheizen.
Ober-/Unterhitze: etwa 180 °C, Heißluft: etwa 160 °C

**Rührteig:**
Butter und Zucker mit dem Mixer (Rührbesen) cremig schlagen. Eier nacheinander dazugeben und unterrühren. 100 ml Orangensaft und Abrieb einrühren. Mehl, Mandeln, Backpulver, Salz, Kokosflocken, Wasser und Chiasamen unter den Teig rühren.
Den Kuchen für ca. 60 Min. backen.

Ich esse Kuchen,
*weil heute*
j e m a n d
Geburtstag hat.

# Pflaume

## Saison: Juni - Oktober

.. verträgt nicht jeder

... stärken die Nerven

... schützen die Zellen

... sind gut bekömmlich

... wirken abführend

... tun Haut und Augen gut

# Pflaume-Mohn-Kuchen

Springform: 26 cm | Zubereitungszeit: ca. 60 Min.

**Füllung:**
450 g Pflaumen
500 g Magerquark
2 Eier
100 g Zucker
250 g backfertiger Mohn

**Rührteig:**
500 g Mehl
325 g Butter
200 g Zucker
1 Prise Salz
1 Päck. Vanillezucker

**Vorbereitung:**
Pflaumen halbieren und entsteinen.
Backform fetten, mit Mehl einstreuen und den Ofen vorheizen.
Ober-/Unterhitze: etwa 180 °C, Heißluft: etwa 160 °C

**Füllung:**
Magerquark, Eier, Zucker und Mohn verrühren.

**Rührteig:**
Mehl, Butter, Salz und Vanillezucker mit dem Mixer (Rührbesen) zu Streuseln verkneten.
Die Hälfte der Streusel auf den Boden der Form drücken.
Die Hälfte der Quark-Mohn-Masse auf den Teig verstreichen. Pflaumen darauf verteilen und übrige Quarkmasse darauf geben. Mit den übrigen Streuseln bestreuen.
Den Kuchen für ca. 1 Std. backen.

# Pflaumenkuchen

Springform: 26 cm | Zubereitungszeit: ca. 20 Min.

**Rührteig:**
1 kg Pflaumen
200 g Butter
190 g Zucker
4 Eier
250 g Mehl
2 TL Backpulver
2 EL Rum

**Guss:**
200 g Schlagsahne
1 Päck. Vanille Puddingpulver
40 g Zucker
2 Eier

**Vorbereitung:**
Die Pflaumen waschen, halbieren und entsteinen.
Backform fetten, mit Mehl bestreuen und den Backofen vorheizen.
Ober-/Unterhitze: etwa 180 °C, Heißluft: etwa 160 °C

**Rührteig:**
Butter und Zucker mit dem Mixer (Knethaken) cremig schlagen.
Eier einzeln unterrühren. Mehl und Backpulver in die Masse sieben.
Rum hinzufügen. Teig in die Form geben, Pflaumen auf dem Teig verteilen und leicht eindrücken.

**Guss:**
Sahne, Puddingpulver und Zucker glatt rühren. 2 Eier unterrühren.
Den Guss auf den Teig geben und den Kuchen für ca. 70 Min. backen.

# Pflaumenkuchen mit Baiser

Springform: 26 cm | Zubereitungszeit: ca. 60 Min.

**Rührteig:**
1 kg Pflaumen
1 Ei
3 Eigelbe
80 g Butter
80 g Zucker
1 Päck. Vanillezucker
100 g Mehl
1 TL Backpulver
3 EL Milch

**Baiser:**
3 Eiweiße
80 g Zucker

**Vorbereitung:**
Pflaumen halbieren und entsteinen.
Backform fetten und Ofen vorheizen.
Ober-/Unterhitze: etwa 180 °C, Heißluft: etwa 160 °C

**Rührteig:**
3 Eier trennen. Butter, Zucker und Vanillezucker mit dem Mixer (Rührbesen) cremig schlagen. 1 Ei und 3 Eigelbe einzeln unterrühren. Mehl, Backpulver und Milch unterrühren.
Teig in die Form geben und glatt streichen.
Pflaumen dachziegelartig in den Teig stecken.
Im Ofen für ca. 40 Min. backen.

**Baiser:**
Eiweiß mit Zucker steif schlagen und auf den ausgekühlten Kuchen streichen. Den Ofen auf Ober-/Unterhitze: etwa 200 °C, Heißluft: etwa 180 °C aufheizen und für 5 Min. backen.

fruchtig

## Tipp

Hat man Eiweiß oder Eigelb übrig, kann man es in eine Eiswürfelform geben und einfrieren.
Vor dem nächsten Gebrauch rechtzeitig auftauen und wie gewohnt verwenden.

# Rhabarber

## Saison: März - Juli

... tut der Verdauung gut

... wirkt gegen Bakterien

... kann Calciummangel verursachen

... schmeckt nicht nur süß zubereitet

... schmeckt nicht nur süß zubereitet

... ist ein Schlankmacher

... ist fast völlig fettfrei

# Rhabarber-Tarte

Springform: 26 cm | Zubereitungszeit: ca. 30 Min.

**Rührteig:**
150 g Dinkelmehl
50 g gemahlene Mandeln
100 g Butter
70 g Sahne
50 ml kaltes Wasser
1 Prise Salz

**Belag:**
600 g Rhabarber
50 g Zucker
1 Päck. Vanillezucker
1 EL Speisestärke

**Guss:**
40 g Puderzucker
Spritzer Zitronensaft

**Vorbereitung:**
Backform fetten und den Backofen vorheizen.
Ober-/Unterhitze: etwa 180 °C, Heißluft: etwa 160 °C

**Rührteig:**
Mehl, Mandeln, Butter, Sahne, Wasser und Salz mit dem Mixer (Knethaken) verquirlen. Den Teig 30 Min. kalt stellen.
Frischen Rhabarber in ca. 1 cm dicke Stücke schneiden.
Zucker, Vanillezucker und Speisestärke mit dem Rhabarber vermengen. Den Teig auf der Arbeitsfläche ausrollen.
In die Form legen (der Rand sollte ca. 4-5 cm hoch sein).
Rhabarber auf dem Boden verteilen.
Den Rand umklappen und mit einem Messer Ecken schneiden.
Den Kuchen für 50 Min. in den Ofen schieben.

**Guss:**
Puderzucker sieben und mit Zitronensaft verrühren. Ein Gitter auf den Kuchen ziehen.

Schokolade FRAGT NICHT, Schokolade versteht.

## *Schokoladig*

Brownie hell und dunkel
Kokos-Brownie
Latte Macchiato
Nougat Birne Torte
Schoko-Sahne-Traum
Schokokuchen mit gesalzenem Erdnusskaramell
Schokoladentarte mit Himbeeren
Whiskey-Brownie

# Brownie hell und dunkel

Springform: 26 cm | Zubereitungszeit: ca. 30 Min.

**Dunkler Rührteig:**
210 g Butter
240 g Blockschokolade
150 g Zucker
¼ Vanilleschote
2 Eier
90 g Mehl
35 g Kakaopulver
2 Tüten à 1,8 g lösliches Instant Espressopulver
1 Prise Salz
½ TL gemahlener Ingwer
½ TL gemahlene Muskatnuss
½ TL gemahlener Pfeffer
60 g gehackte Blockschokolade
60 g gehackte weiße Kuvertüre

**Heller Rührteig:**
210 g Frischkäse
55 g Butter
70 g Zucker
1 Ei

**Vorbereitung:**
60 g Blockschokolade und 60 g weiße Kuvertüre klein hacken.
Backform fetten und den Backofen vorheizen.
Ober-/Unterhitze: etwa 180 °C, Heißluft: etwa 160 °C

**Dunkler Rührteig:**
Blockschokolade und Butter in der Mikrowelle schmelzen lassen.
Butter und Blockschokolade in einer Schüssel mit Zucker und Vanilleschote verrühren und 10 Min. auskühlen lassen.

**Heller Rührteig:**
Frischkäse und Butter mit dem Mixer (Rührbesen) aufschlagen.
Zucker und Ei hinzufügen und kurz weiterschlagen.

**Dunkler Rührteig:**
Die abgekühlte Schokoladen-Butter in eine Rührschüssel geben.
Die 2 Eier hinzufügen und mit dem Mixer (Rührbesen) verquirlen.
Mehl, Kakaopulver, lösliches Espressopulver, Salz, Ingwer, Muskat und Pfeffer in die Schüssel sieben und mit dem Schneebesen kurz unterheben.
Nun die gehackte dunkle und weiße Schokolade zum dunklen Teig geben und unterheben. Den Teig in die Backform verteilen.
Die Frischkäsemischung über den Brownieteig geben.
Mit der Gabel den Teig marmorieren.
Den Kuchen für ca. 40 Min. in den Backofen schieben.

# Kokos-Brownie

Springform: 26 cm | Zubereitungszeit: ca. 20 Min.

**Rührteig:**
100 g Pflanzenöl
150 g Blockschokolade
280 g Zucker
1 TL Salz

4 Eier
2 TL Vanillemark
80 g Mehl
30 g Kokosflocken

**Vorbereitung:**
Schokolade in der Mikrowelle schmelzen.
Backform fetten und Ofen vorheizen.
Ober-/Unterhitze: etwa 180 °C, Heißluft: etwa 160 °C

**Rührteig:**
Öl, Schokolade, Zucker und Salz mit dem Mixer (Rührbesen) verquirlen. Eier und Vanillemark hinzufügen. Zum Schluss das Mehl sowie die Kokosflocken unterheben.
Den Teig in die Form geben und ca. 25 Min. backen.

## Espresso

**Saison: Saisonunabhängig**

... macht weniger nervös

... ist besonders säurearm

... kann bei Kopfweh helfen

... verbessert die Verdauung

... schützt die Arterien

... in Maßen genießen

# Latte Macchiato Kuchen

Springform: 26 cm | Zubereitungszeit: ca. 45 Min.

**Rührteig:**
65 g Blockschokolade
6 TL lösliches Instant Espressopulver
2 EL heißes Wasser
330 g Butter
300 g Zucker
1 Prise Salz
5 Eier
330 g Mehl
1 TL Backpulver
1 EL Kakaopulver

**Frischkäse-Schicht:**
500 g Doppelrahmfrischkäse
60 g Puderzucker
etwas Kakaopulver

**Vorbereitung:**
Backform fetten und mit Mehl bestäuben.
Backofen vorheizen.
Ober-/Unterhitze: etwa 180 °C, Heißluft: etwa 160 °C

**Rührteig:**
Die Bockschokolade in der Mikrowelle schmelzen lassen.
Espressopulver mit Wasser verrühren.
Butter, Zucker und Salz mit dem Mixer (Rührbesen) cremig rühren.
Eier nacheinander hinzufügen. Mehl und Backpulver in den Teig sieben und verquirlen. Den Teig halbieren.
Unter die eine Hälfte Kakaopulver rühren und in die Form glatt streichen. Die andere Hälfte mit Espresso verrühren und auf die Kakaocreme glatt streichen. Mit der Gabel durch den Teig ziehen, dass eine Marmorierung entsteht.
Den Kuchen für ca. 30 Min. in den Ofen schieben.

**Frischkäse-Schicht:**
Puderzucker sieben und mit Frischkäse verrühren.
Die Creme auf den ausgekühlten Kuchen streichen und mit Kakaopulver dekorieren.

# Nougat-Birnen-Torte

Springform: 26 cm | Zubereitungszeit: ca. 45 Min.

**Biskuitteig:**
3 Eier
1 Prise Salz
100 g Zucker
75 g Mehl

**Creme Füllung:**
200 g Nougat
500 ml Schlagsahne
1 Dose Birnen (ca. 480 g)

**Deko:**
ca. 40 g Schokoladenraspeln

## Vorbereitung:
Birnen in einem Sieb abtropfen lassen und den Sud auffangen.
Boden der Backform fetten und mit Backpapier auslegen.
Den Backofen vorheizen.
Ober-/Unterhitze: etwa 180 °C, Heißluft: etwa 160 °C

## Biskuitteig:
Eier trennen. Eiweiß und Salz mit dem Mixer (Rührbesen) steif schlagen. Zucker nach und nach einrieseln lassen.
Das Eigelb 2 Min. mit dem Mixer verquirlen und vorsichtig unter die Eischneemasse heben.
Das Mehl auf die Eiermasse sieben und unterheben.
Teig in die Springform füllen und ca. 20 Min. backen.
Kuchen in der Form auskühlen lassen.
Anschließend einmal waagerecht halbieren.

## Creme Füllung:
Nougat langsam in der Mikrowelle schmelzen.
200 g Sahne steif schlagen und unter das Nougat ziehen.
Biskuitboden auf eine Tortenplatte setzen und einen Tortenring darumlegen. 5 EL des Birnensuds auf den Boden träufeln, dann die Birnenviertel darauflegen.
Die Nougatsahne darüber verteilen und alles mit 5 EL Birnensud beträufeln.
Die restliche 300 g Sahne steif schlagen und 3 EL des Suds hinzufügen. Die Torte damit bestreichen.

## Deko:
Den Kuchen mit den Schokoladenraspeln verzieren und im Kühlschrank mind. 6 Std. durchkühlen lassen.

# Schoko-Sahne-Traum

Springform: 26 cm | Zubereitungszeit: ca. 50 Min.

**Boden:**
260 g Mehl
2 EL Kakaopulver
170 g Butter
2 EL Zucker
1-2 EL kaltes Wasser

**Schoko-Schicht:**
200 g Butter
200 g Rohrzucker
4 Eier
4 EL Kakaopulver
170 g Blockschokolade
350 g Schlagsahne

**Sahne-Schicht:**
470 g Schlagsahne
40 g Schokoraspel

**Vorbereitung:**
Blockschokolade in der Mikrowelle schmelzen.
Backform fetten und den Backofen vorheizen.
Ober-/Unterhitze: etwa 180 °C, Heißluft: etwa 160 °C

**Boden:**
Mehl und Kakaopulver sieben. Butter, Zucker und kaltes Wasser hinzufügen und mit dem Mixer (Rührbesen) verquirlen.
So viel Wasser hinzufügen, bis der Teig geschmeidig ist und 15 Min. kalt stellen.
Den Teig auf dem Boden der Form andrücken und 10 Min. backen.

**Schoko-Schicht:**
Butter und Rohrzucker mit dem Mixer (Rührbesen) verquirlen.
Eier nach und nach dazu geben.
Kakao, Blockschokolade und Sahne hinzufügen.
Schokocreme auf den Boden geben und ca. 60 Min. backen.

**Sahne-Schicht:**
Sahne steif schlagen. 20 g Schokoraspeln in die Sahne heben.
Diese auf den ausgekühlten Kuchen streichen und 20 g Schokoraspeln auf den Kuchen streuen.

# Schokokuchen mit gesalzenem Erdnusskaramell

Springform: 26 cm | Zubereitungszeit: ca. 30 Min.

**Rührteig:**
200 g Blockschokolade
200 g Butter
3 Eier
100 g Zucker
1 Päck. Vanillezucker
300 g gemahlene Mandeln
3 gestr. EL Kakaopulver
2 TL Backpulver

**Karamell-Schicht:**
75 g Zucker
50 ml Schlagsahne
75 g gesalzene Erdnusskerne

**Vorbereitung:**
Backform fetten, mit Kakaopulver bestreuen und Backofen vorheizen.
Ober-/Unterhitze: etwa 180 °C, Heißluft: etwa 160 °C

**Rührteig:**
Blockschokolade mit Butter in der Mikrowelle schmelzen.
Eier, Zucker und Vanillezucker mit dem Mixer (Rührbesen) schaumig schlagen. Mandeln, Kakaopulver und Backpulver in die Creme rühren. Schoko-Butter unterheben.
Teig in die Form geben und für ca. 35 Min. backen.

**Karamell-Schicht:**
Zucker in einem Topf karamellisieren, Sahne zugeben und glatt rühren. Erdnüsse unterheben und leicht abkühlen lassen.
Kuchen mit gesalzenem Erdnuss-Karamell garnieren.

# Schokoladentarte mit Himbeeren

Springform: 26 cm | Zubereitungszeit: ca. 45 Min.

**Knetteig:**
200 g Mehl
70 g Puderzucker
100 g kalte Butter
1 Prise Salz
1 Ei
30 g gemahlene Mandeln

**Füllung:**
175 g Blockschokolade
125 g Butter
30 g Zucker
2 Eier
3 Eigelbe
150 g Himbeeren frisch oder tiefgekühlt

## Vorbereitung:
Die tiefgekühlten Himbeeren müssen vorher nicht aufgetaut werden. Backform einfetten und den Ofen vorheizen.
Ober-/Unterhitze: etwa 180 °C, Heißluft: etwa 160 °C

## Knetteig:
Mehl und Puderzucker in eine Schüssel sieben.
Butter, Salz, Ei und Mandeln hinzufügen und alles mit dem Mixer (Knethaken) zu einem Teig verarbeiten.
2/3 des Teiges auf den Backformboden drücken und einen ca. 2 cm hohen Rand ziehen.
Den Boden mit der Gabel ein paarmal einstechen und für 15 Min. in den Backofen stellen.

## Füllung:
Blockschokolade in der Mikrowelle schmelzen lassen.
Butter, Zucker und Schokolade mit dem Mixer (Rührbesen) verquirlen. Eier und Eigelb hinzufügen.
Die Schokomasse auf den schon ausgekühlten Boden geben.
Die Himbeeren gleichmäßig auf die Schokoschicht drücken.
Sie sollten nicht ganz von der Schokolade bedeckt sein.
Den Kuchen für 8 Min. backen.
Die Füllung ist nach dem Backen noch flüssig, wird nach dem Auskühlen aber fest.

# Whiskey-Brownie

Springform: 26 cm | Zubereitungszeit: ca. 30 Min.

**Rührteig:**
400 g Blockschokolade
200 g Butter
120 g Zucker
1 Päck. Vanillezucker
1 Prise Salz
3 Eier
50 ml Whisky
75 g Mehl
1 TL Backpulver
50 g Kakaopulver

**Vorbereitung:**
150 g Blockschokolade in kleine Brocken zerkleinern.
Boden der Backform fetten und den Backofen vorheizen.
Ober-/Unterhitze: etwa 180 °C, Heißluft: etwa 160 °C

**Rührteig:**
250 g Blockschokolade in der Mikrowelle schmelzen.
Butter, Zucker, Vanillezucker und Salz mit dem Mixer (Rührbesen) verquirlen. Eier und Whisky nacheinander zugeben und verrühren.
Weiche Schokolade unterheben.
Mehl, Backpulver und Kakaopulver unter den Teig rühren.
Brocken Schokolade auf dem Teig verteilen.
Den Kuchen für ca. 30 Min. backen.

EINE AUSBLANCIERTE
DIAT IST EIN
KUCHEN
IN JEDER HAND!

## *Cremig*

Apfelschorlen-Torte
Baileyskuchen
Friesischer Kuchen
Grüntee-Apfel-Torte
Johannisbeer-Joghurt
Käsekuchen mit Mohn
Limetten-Erfrischung
Flocken-Mandarinen-Torte
Marzipan-Stachelbeer-Torte
Pflaumentorte
Walnuss-Espresso-Torte
Weiße-Kokostraum

*Apfel*

Saison: Juli - November

... lindert Gicht und Rheuma

... schützt die Körperzellen

... beruhigt den Bauch

... tut dem Zahnfleisch gut

... enthält wertvolle Vitamine

... vertreibt Verdauungsprobleme

# Apfelschorlen-Torte

Springform: 26 cm | Zubereitungszeit: ca. 40 Min.

**Rührteig:**
150 g Mehl
3 gestr. TL Backpulver
140 g Zucker
1 Päck. Vanillezucker
3 Eier
150 g Butter

**Apfel-Creme-Schicht:**
750 g Äpfel (z.B. Elster)
2 EL Zitronensaft
100 ml Mineralwasser mit Kohlensäure
50 g Zucker
30 g Speisestärke
1 Bio Zitrone (Abrieb)

**Creme-Schicht:**
200 g Schlagsahne
1 Päck. Vanillezucker
250 g Schmand
3 Beutel (je 15 g) Gelatine Fix von Dr. Oetker

**Guss:**
2 EL Aprikosenkonfitüre
12 g Speisestärke
250 ml Apfelsaft

## Vorbereitung:
Backform fetten und mit Backpapier auslegen.
Backofen vorheizen.
Ober-/Unterhitze: etwa 180 °C, Heißluft: etwa 160 °C

## Biskuitteig:
Mehl und Backpulver in eine Schüssel sieben.
Zucker, Vanillezucker, Eier und Butter dazu geben und mit dem Mixer (Rührbesen) verquirlen.
Den Teig in die Form geben und ca. 25 Min. backen.

## Apfel-Schicht:
¼ Apfel mit der Schale in Scheiben schneiden und diese für die Deko auf den Sahnetupfern in 2 EL Zitronensaft legen.
Restliche Äpfel schälen, entkernen und in Würfel schneiden.
Speisestärke mit etwas Wasser geschmeidig rühren.
Die Würfel mit Mineralwasser, Zucker und Zitronenabrieb aufkochen und die Stärke einrühren. Masse auskühlen lassen.

## Creme-Schicht:
Sahne mit Vanillezucker steif schlagen.
Schmand und Gelatine mit dem Schneebesen verquirlen.
Sahne unterheben. 50 g Sahne in einen Spritzbeutel (Sterntülle) geben und kalt stellen. Apfelmasse in die Creme heben.
Tortenboden einmal durchschneiden und auf die Tortenplatte legen. Tortenring darum legen. Apfelcreme einfüllen und glatt streichen. Den zweiten Boden auflegen und die Torte 2 Std. kalt stellen.

## Guss:
Aprikosenkonfitüre auf den Kuchen streichen.
Speisestärke mit etwas Apfelsaft geschmeidig rühren.
Apfelsaft im Topf aufkochen. Speisestärke einrühren und auf den Kuchen geben. Abkühlen lassen.
Apfelspalten etwas abtupfen. Mit der kalt gestellten Sahne Tupfer auf den Kuchen spritzen und die Apfelspalten in die Sahne stellen.

# Baileyskuchen

Springform: 26 cm | Zubereitungszeit: ca. 40 Min.

**Rührteig:**
100 g Blockschokolade
75 g Butter
3 Eier
1 Prise Salz
100 g Rohrzucker
75 g Mehl
1 EL Kakaopulver
½ TL Backpulver

**Frischkäse-Schicht:**
100 g gemahlene Haselnüsse
500 g Frischkäse
1 Beutel (15 g) Gelatine Fix
von Dr. Oetker
20 g Zucker
1 EL Kakaopulver
50 ml Baileys

**Deko:**
40 g Haselnüsse

**Vorbereitung:**
Backform fetten und Ofen vorheizen.
Ober-/Unterhitze: etwa 180 °C, Heißluft: etwa 160 °C

**Rührteig:**
Schokolade und Butter schmelzen. Eier, Salz und Zucker mit dem Mixer (Rührbesen) ca. 4 Min. aufschlagen.
Schoko-Butter unterrühren. Anschließend Mehl, Kakao und Backpulver unterheben. Teig in die Form geben und ca. 15 Min. backen.

**Frischkäse-Schicht:**
Haselnüsse unter den Frischkäse rühren.
Gelatine und Zucker einrühren. Creme halbieren. Unter eine Hälfte 1 TL Kakao und Likör rühren. Diese Creme auf den ausgekühlten Boden streichen. 15 Min. kalt stellen. Nun die andere Hälfte der Creme auf den dunklen Boden streichen.

**Deko:**
Haselnüssen etwas zerkleinern und den Kuchen damit bestreuen.

# Friesischer Kuchen

Springform: 26 cm | Zubereitungszeit: ca. 40 Min.

**Rührteig:**
2 Eier
100 g Butter
100 g Zucker
170 g Mehl
1 TL Backpulver
1 Prise Salz
450 ml Milch
1 Päck. Vanillepudding Pulver (zum kalt anrühren)
130 g Pflaumenmus

**Belag:**
50 g Mandelblättchen
40 g Butter

**Vorbereitung:**
Backform fetten und Ofen vorheizen.
Ober-/Unterhitze: etwa 180 °C, Heißluft: etwa 160 °C

**Rührteig:**
Eier, Butter und Zucker mit dem Mixer (Rührbesen) verquirlen. Mehl, Backpulver und Salz in den Teig sieben, unterheben und in die Form geben. Kleine Mulden in den Teig drücken.
Milch mit Puddingpulver verquirlen und abwechselnd mit dem Pflaumenmus in die Mulden füllen.

**Belag:**
Flüssige Butter mit den Mandelblättchen verrühren und auf dem Kuchen verteilen.
Den Kuchen für ca. 25 Min. in den Ofen schieben.

# Grüntee-Apfel-Torte

Springform: 26 cm | Zubereitungszeit: ca. 50 Min.

**Rührteig:**
1 Apfel
4 Eier
100 g Zucker
1 TL Vanillemark
200 ml Pflanzenöl
3 EL Grünteepulver
1/2 Bio Zitrone (Abrieb)
1 Prise Salz
200 g Mehl
3 TL Backpulver

**Frischkäse-Schicht:**
500 g Frischkäse
1/2 Bio Zitrone (Abrieb)
4 TL Honig
4 EL Butter

**Deko:**
1 Bio Zitrone (Zesten)

**Vorbereitung:**
Backform fetten und mit Backpapier auslegen.
Backofen vorheizen.
Ober-/Unterhitze: etwa 180 °C, Heißluft: etwa 160 °C

**Rührteig:**
Apfel schälen, entkernen und in Würfel schneiden.
Eier, Zucker, Vanillemark und Pflanzenöl mit dem Mixer (Rührbesen) verquirlen. Grünteepulver, Salz, Mehl und Backpulver in die Creme sieben und unterheben.
Den Teig in die Form geben und ca. 35 Min. backen.
Ausgekühlten Boden einmal durchschneiden.

**Frischkäse-Schicht:**
Frischkäse, Zitronenabrieb, Honig und weiche Butter verquirlen.
Die Hälfte der Creme auf den Boden streichen.
Zweiten Boden darauf legen, leicht andrücken und restliche Creme auf den Kuchen streichen.

**Deko:**
Kuchen mit Zitronenzesten dekorieren.

# Johannisbeer-Joghurt-Tarte

Springform: 26 cm | Zubereitungszeit: ca. 40 Min.

**Knetteig:**
100 g Mehl
30 g Puderzucker
1 EL Kakaopulver
50 g gemahlene Mandeln
50 g Butter
1 Prise Salz
1 Ei

**Füllung:**
4 Eier
150 g Joghurt (3,5 %)
200 ml Johannisbeersaft
1 Beutel (15 g) Gelatine Fix von Dr. Oetker
50 g Raspel Schokolade

**Vorbereitung:**
Backform fetten und den Ofen vorheizen.
Ober-/Unterhitze: etwa 180 °C, Heißluft: etwa 160 °C

**Knetteig:**
Mehl, Puderzucker und Kakaopulver in eine Schüssel sieben.
Mandeln, Salz und Ei hinzufügen. Mit dem Mixer (Knethaken) verquirlen und 30 Min. kalt stellen.
Den Teig auf den Boden andrücken, einen ca. 2 cm hohen Rand legen und 15 Min. backen.

**Füllung:**
4 Eier trennen. Eiweiß steif schlagen.
Joghurt und Johannisbeersaft mit dem Schneebesen verrühren.
Gelatine einrühren und Eiweiß unterheben.
Die Creme auf den ausgekühlten Boden geben und mit der Schokolade dekorieren.
Den Kuchen 2 Std. kalt stellen.

# Käsekuchen mit Mohn

Springform: 26 cm | Zubereitungszeit: ca. 30 Min.

**Boden:**
250 g Mehl
1 TL Backpulver
100 g Butter
65 g Zucker
1 Ei

**Quark-Schicht:**
500 g Magerquark
125 g Zucker
1 Bio Zitrone (Abrieb und Saft)
2 Eier
40 g Mehl
50 g Butter

**Mohnfüllung:**
50 g Marzipan Rohmasse
250 g backfertiger Mohn
2 EL Milch

**Vorbereitung:**
Backform fetten und den Backofen vorheizen.
Ober-/Unterhitze: etwa 180 °C, Heißluft: etwa 160 °C

**Boden:**
Mehl, Backpulver, Butter, Zucker und das Ei mit dem Mixer (Knethaken) verquirlen. Den Teig auf den Boden der Backform drücken und einen 2 cm hohen Rand formen.

**Mohnfüllung:**
Marzipan mit etwas warmem Wasser und einer Gabel weich kneten.
Mohn und Milch unterrühren.
Die Mohnmasse auf den Boden geben und glatt streichen.

**Quark-Schicht:**
Magerquark mit Zucker, abgeriebener Zitronenschale, Zitronensaft, Eiern und Mehl mit dem Mixer (Rührbesen) glatt rühren.
Zum Schluss die flüssige Butter unterziehen.
Die Quarkmasse gleichmäßig auf der Mohnmasse verteilen.
Im Ofen für ca. 60 Min. backen.

# Limetten Erfrischung
## - ohne Backofen -

Springform: 26 cm | Zubereitungszeit: ca. 30 Min.

**Boden:**
150 g weiße Kuvertüre
150 g Butter
300 g Butterkekse

**Creme:**
1 Vanilleschote
600 g Doppelrahmfrischkäse
500 g Magerquark
Ca. 7 Bio Limetten (Saft und Abrieb)
2 EL Holunderblütensirup
3 Beutel (je 15 g) Gelatine Fix von Dr. Oetker
200 g Zucker

**Vorbereitung:**
Boden fetten und mit Frischhaltefolie auslegen. Die Schale der Limetten abreiben und den Saft (ca. 140 ml) auspressen.
Den Backofen vorheizen.
Ober-/Unterhitze: etwa 180 °C, Heißluft: etwa 160 °C

**Boden:**
Kuvertüre sowie Butter langsam in der Mikrowelle schmelzen. Kekse fein bröseln und mit Butter und Kuvertüre vermengen. Die Masse gleichmäßig in die Form verteilen und gut andrücken. Den Boden 15 Min. kalt stellen.

**Creme:**
Vanillemark mit Frischkäse, Magerquark, 1 EL Limettenschale, Holunderblütensaft und 140 ml Saft mit dem Schneebesen verrühren. Die Gelatine unterziehen. Zucker unterheben und auf den Keksboden glatt streichen. Kuchen mit dem Limettenabrieb bestreuen und für 3 Std. in den Kühlschrank stellen.

cremig

# Flocken-Mandarinen-Torte

Springform: 26 cm | Zubereitungszeit: ca. 60 Min.

**Biskuitteig:**
3 Eier
100 g Zucker
1 Päck. Vanillezucker
75 g Mehl
50 g Speisestärke
1 TL Backpulver

**Creme:**
1 Dose Mandarinen (450 g)
½ l Orangensaft
50 g Zucker
2 Beutel (je 15 g) Gelatine Fix von Dr. Oetker
400 g Schlagsahne

**Vorbereitung:**
Boden der Backform fetten und mit Backpapier auslegen.
Den Backofen vorheizen.
Mandarinen in einem Sieb abtropfen lassen.
Ober-/Unterhitze: etwa 180 °C, Heißluft: etwa 160 °C

**Biskuitteig:**
Eier trennen. Eiweiß mit dem Mixer (Rührbesen) steif schlagen.
Zum Schluss Zucker und Vanillezucker einrieseln lassen.
Eigelb nacheinander unterschlagen. Mehl, Stärke und Backpulver auf die Eischaummasse sieben und locker unterheben.
Die Masse in die Form geben und für ca. 30 Min. in den Ofen schieben. Biskuit auskühlen lassen. Boden so durchschneiden, dass der untere Boden etwas dicker ist.

**Creme:**
Orangensaft mit Zucker und Gelatine verrühren.
Sahne steif schlagen.
Wenn der Orangensaft zu gelieren beginnt ca. 2/3 unter die Sahne rühren. Mandarinen unterheben. Dann den restlichen Orangensaft unter die Sahne heben. Nochmal kurz kalt stellen.
Den dünneren Boden zerbröseln.
Frucht-Sahne kuppelartig auf den lockeren Biskuitboden geben und glatt streichen.
Mit Biskuitflocken bestreuen, andrücken und 3 Std. kalt stellen.

# Stachelbeere

**Saison: Juli - August**

... enthält viel Vitamin C

... wird verdauungsfördernd

... je nach Sorte rot, gelb, weiß oder grün

... den Kern kann man mitessen

# Marzipan-Stachelbeer-Torte

Springform: 26 cm | Zubereitungszeit: ca. 2 Std.

**Mürbeteig:**
150 g Mehl
50 g Puderzucker
75 g Butter
1 Ei

**Obst-Schicht:**
500 g Stachelbeeren
25 g Zucker

**Biskuitteig:**
3 Eier
90 g Zucker
75 g Mehl
2 EL Speisestärke
1 TL Backpulver

**Sahne-Schicht:**
3 EL Aprikosenkonfitüre
700 g Schlagsahne
500 g Frischkäse
2 Päck. Vanillezucker
70 g Zucker
2 Beutel (je 15 g) Gelatine Fix von Dr. Oetker
1 Marzipandecke
20 g Mandelblättchen

**Vorbereitung:**
Mandelblättchen rösten.
Backform fetten und den Backofen vorheizen.
Ober-/Unterhitze: etwa 180 °C, Heißluft: etwa 160 °C

**Mürbeteig:**
Mehl, Puderzucker, Butter und Ei mit dem Mixer (Knethaken) verquirlen. Den Teig auf dem Boden der Form andrücken und 15 Min. backen.

**Obst-Schicht:**
Stachelbeeren im Wasser mit Zucker ca. 3 Min. dünsten.
Abtropfen und auskühlen lassen.

**Biskuitteig:**
Eier trennen. Eiweiß mit Zucker steif schlagen.
Eigelb unter den Eischnee rühren. Mehl, Speisestärke und Backpulver unterheben.
Boden der Springform mit Backpapier auslegen. Den Teig einfüllen und ca. 15 Min. backen.
Teig auskühlen lassen und halbieren.

**Sahne-Schicht:**
Mürbeteig mit Aprikosenkonfitüre bestreichen. Die untere Hälfte des Biskuitbodens darauf legen, Tortenring darum stellen.
Sahne steif schlagen. Frischkäse, Vanillezucker und Zucker glatt rühren. Gelatine unter den Frischkäse rühren und die Sahne unterheben. 250 g Creme zur Seite stellen. 50 g Sahne in einen Spritzbeutel (Sterntülle) geben und kalt stellen.
Die Hälfte der restlichen Creme auf den Boden streichen. Stachelbeeren darauf verteilen, leicht in die Creme drücken.
Die andere Hälfte der Creme darauf streichen. Oberen Boden daraufsetzen. Die 250 g Creme wird nun an den Rand und auf den Kuchen gestrichen. Die Torte für 2 Std. kalt stellen.
Tortenring lösen. Marzipandecke auf die Torte legen. Rand andrücken. Mit der kalt gestellten Sahne Tupfer auf die Torte spritzen und mit Mandeln bestreuen.

# Pflaumentorte

Springform: 26 cm | Zubereitungszeit: ca. 60 Min.

**Knetteig:**
200 g Butter
75 g Zucker
250 g Mehl
1 Prise Salz
1 Ei

**Füllung:**
750 g Pflaumen
30 g Speisestärke
200 ml Johannisbeersaft

**Creme:**
400 g Schlagsahne
250 g Frischkäse
200 g Magerquark
75 g Zucker
4 Beutel (je 15 g) Gelatine Fix von Dr. Oetker

**Vorbereitung:**
Backform einfetten und den Ofen vorheizen.
Ober-/Unterhitze: etwa 180 °C, Heißluft: etwa 160 °C

**Knetteig:**
Butter, Zucker, Mehl, Salz und Ei mit dem Mixer (Knethaken) zu einem Teig verarbeiten und für 30 Min. in den Kühlschrank stellen. In der Zwischenzeit die Pflaumen waschen und entsteinen. Den Knetteig auf den Backformboden verteilen, einen ca. 3 cm breiten Rand formen und 15 Min. backen.

**Füllung:**
Die Speisestärke mit 50 ml Saft glatt rühren. 150 ml Saft im Topf aufkochen und die Speisestärke mit dem Schneebesen einrühren. Die Pflaumen hinzufügen und kurz weiter köcheln lassen. Das Kompott auf den Boden geben und 1 ½ Std. kalt stellen.

**Creme:**
Die Sahne steif schlagen.
Frischkäse, Magerquark und Zucker verrühren.
Gelatine mit dem Schneebesen einrühren und die Sahne unterheben. Die Creme auf den ausgekühlten Kuchen streichen.

# Walnuss-Espresso-Torte

Springform: 26 cm | Zubereitungszeit: ca. 45 Min.

**Rührteig:**
50 g Walnusskerne
125 g Butter
100 g Zucker
3 Eier
150 g Mehl
1 TL Backpulver
75 ml kalter Espresso

**Creme:**
300 g Butter
250 g Puderzucker
50 ml kalter Espresso

**Deko:**
ca. 30 g Walnusskerne

**Vorbereitung:**
Boden der Backform fetten und mit Backpapier auslegen.
Den Backofen vorheizen.
Ober-/Unterhitze: etwa 180 °C, Heißluft: etwa 160 °C

**Rührteig:**
Walnüsse grob hacken. Butter und Zucker mit dem Mixer (Rührbesen) cremig schlagen. Eier nacheinander einrühren.
Mehl und Backpulver sieben und unterheben.
Anschließend Espresso und gehackte Walnüsse unterziehen.
In die Form geben und ca. 1 Std. backen.
Ausgekühlten Boden einmal durchschneiden.

**Creme:**
Auf die Butter Puderzucker sieben und 3 Min. mit dem Mixer (Rührbesen) schlagen. Espresso unter die Creme ziehen.
Eine Hälfte der Kaffeecreme auf den Boden streichen.
Oberen Tortenboden darauf legen und leicht andrücken.
Restliche Creme darauf streichen und mit Walnüssen dekorieren.
Kuchen für 2 Std. kalt stellen.

# Weißer-Kokostraum

Springform: 26 cm | Zubereitungszeit: ca. 30 Min.

**Rührteig:**
4 Eier
120 g Zucker
150 g Mehl
30 g Speisestärke
1 TL Backpulver
40 g Kakaopulver

**Creme:**
400 g weiße Kuvertüre
500 ml Schlagsahne
2 EL Aprikosenmarmelade
2 Beutel (je 15 g) Gelatine Fix
von Dr. Oetker
50 g Kokosflocken

**Vorbereitung:**
Boden der Backform fetten und mit Backpapier auslegen.
Ober-/Unterhitze: etwa 180 °C, Heißluft: etwa 160 °C

**Rührteig:**
Eier und Zucker mit dem Mixer (Rührbesen) schaumig schlagen.
Mehl, Speisestärke, Backpulver sowie Kakaopulver in die
Ei-Zucker-Creme sieben und unterheben.
Teig in die Form geben und ca. 45 Min. backen. Boden nach dem
Backen auskühlen lassen und das Backpapier abziehen.

**Creme:**
Die Kuvertüre reiben. Mit Sahne in einem Topf unter Rühren schmelzen und einmal aufkochen lassen.
Danach mindestens 4 Std. (am besten über Nacht) im Kühlschrank auskühlen lassen.
Um den Teig einen Totenring legen. Boden mit Marmelade bestreichen. Die Sahne-Schokomasse mit dem Mixer (Rührbesen) steif schlagen. Gelatine mit dem Schneebesen in die Creme rühren. Die Creme auf den Tortenboden verteilen, mit Kokosflocken bestreuen und 2 Std. in den Kühlschrank stellen.

Man isst 100 g
**Torte**
UND NIMMT 500 g ZU

Das nenne ich
RENDITE

# Nussig

Baileys-Torte
Birne-Haselnuss-Streusel
Feige-Walnuss-Amaretto
Gebrannte Mandeln Kuchen
Haselnusskuchen
Kokos Sandkuchen
Mandarine-Kokos
Pistazien-Espresso-Taler
Rührkuchen mit
Karamellglasur
Sesam-Erdnuss-Taler
Weiße Nussecken

# Haselnuss

**Saison: Juli - August**

... punkten mit Eisen

... verträgt nicht jeder

... können Schadstoffe enthalten

... schützen Herz und Gefäße

... sorgen für starke Knochen

... sind Vitamin-Wunder

# Baileys-Torte

Springform: 26 cm | Zubereitungszeit: ca. 45 Min.

**Biskuitteig:**
50 g Blockschokolade
4 Eier
150 g Zucker
1 Päck. Vanillezucker
100 g Mehl
1 gestr. TL Backpulver
150 g gemahlene Haselnüsse

**Füllung:**
600 g Schlagsahne
20 g Zucker
1 Päck. Vanillezucker
2 Beutel (je 15 g) Gelatine Fix von Dr. Oetker
200 ml Baileys
50 ml Baileys (zum tränken)

**Deko:**
50 g gehackte, geröstete Haselnüsse
10 ganze Haselnüsse

## Vorbereitung:
Backform fetten und mit Backpapier auslegen. Backofen vorheizen.
Die gehackten Haselnüsse auf ein Backblech mit Backpapier legen und 5 Min. im Ofen bei 180 °C rösten.
Ober-/Unterhitze: etwa 180 °C, Heißluft: etwa 160 °C

## Biskuitteig:
Die Schokolade fein hacken.
Eier mit dem Mixer (Rührbesen) auf höchster Stufe schaumig schlagen. Den Zucker mit Vanillezucker einstreuen und weitere 2 Min. schlagen.
Mehl und Backpulver auf die Eiercreme sieben und kurz auf niedrigster Stufe unterrühren.
Den Teig in die Form geben und ca. 35 Min. in den Ofen stellen.
Den Boden erkalten lassen. Anschließend das Backpapier abziehen und den Boden 2-mal durchschneiden.

## Füllung:
Die Sahne mit Zucker und Vanillezucker mit dem Mixer (Rührbesen) steif schlagen.
Baileys und Gelatine mit dem Schneebesen verquirlen.
Die Sahne unterheben.
Ein Drittel der Likörcreme auf den unteren Boden streichen und mit dem mittleren Boden bedecken. Den Boden mit Likör tränken, mit der Hälfte der restlichen Likörcreme bestreichen und mit dem oberen Boden bedecken.
Tortenrand und Oberfläche mit der restlichen Creme bestreichen.
Die Tortenoberfläche mit den Haselnusskernen garnieren.
Den Kuchen ca. 2 Std. in den Kühlschrank stellen.

# Birne-Haselnuss-Streusel

Springform: 26 cm | Zubereitungszeit: ca. 30 Min.

**Rührteig:**
230 g Mehl
2 TL Backpulver
200 g Butter
180 g Zucker
3 Eier
1 TL Vanillezucker
70 g gemahlene Haselnüsse
3 kleine Birnen oder 1 Dose (ca. 460 g)

**Streusel:**
70 g gehackte Haselnüsse
60 g Rohrzucker
30 g Mehl
½ TL Zimt
20 g Butter

**Vorbereitung:**
Die Birnen aus der Dose abtropfen lassen und in kleine Würfel schneiden.
Bei der Variante mit den frischen Birnen zusätzlich die Schale entfernen und in kleine Würfel schneiden.
Backform einfetten und den Ofen vorheizen.
Ober-/Unterhitze: etwa 180 °C, Heißluft: etwa 160 °C

**Rührteig:**
Mehl und Backpulver in die Schüssel sieben.
Butter, Zucker und Eier mit Vanillezucker hinzufügen und mit dem Mixer (Rührbesen) verquirlen.
Die Haselnüsse und die Hälfte der Birnen hinzugeben.
Den Teig in die Backform geben, glatt streichen und die restlichen Birnen drauf verteilen.

**Streusel:**
Haselnüsse, Rohrzucker, Mehl, Zimt und Butter in einer Schüssel mit dem Mixer (Rührbesen) zu kleinen Streuseln verarbeiten.
Diese nun auf die Birnen streuen und den Kuchen für ca. 60 Min. in den Backofen stellen.

# Feige-Walnuss-Amaretto

Kastenform: 11 x 25 cm | Zubereitungszeit: ca. 25 Min.

**Rührteig:**
200 g getrocknete Feigen
90 ml Amaretto
1 TL Vanillemark
3 Eier
200 g Zucker
180 g Pflanzenöl
1 Prise Zimt
310 g Mehl
1,5 TL Backpulver
1 Prise Salz
100 g gehackte Walnüsse

**Vorbereitung:**
Backform fetten und mit Mehl einstreuen.
Backofen vorheizen.
Ober-/Unterhitze: etwa 180 °C, Heißluft: etwa 160 °C

**Rührteig:**
Die Feigen mit 300 ml Wasser im Topf köcheln lassen bis die Feigen weich sind. Amaretto sowie Vanillemark hinzufügen und alles pürieren.
Eier und Zucker mit dem Mixer (Rührbesen) schaumig schlagen.
Anschließend das Öl und Zimt zur Feigenmasse hinzufügen.
Mehl, Backpulver, Salz und Walnüsse unter die Masse heben.
Den Teig in die Form geben und ca. 80 Min. in den Ofen schieben.

# Mandeln

Saison: Juli - August

... punkten mit Calcium und Eisen

... liefern viele Ballaststoffe

... sind Eiweiß Wunder

... können Schadstoffe enthalten

... bringen Nerven und Gehirn in Topform

... schützen Herz und Gefäße

# Gebrannte Mandeln Kuchen

Springform: 26 cm | Zubereitungszeit: ca. 45 Min.

**Belag:**
100 g ganze Mandeln
75 g ganze Haselnüsse

**Nuss-Karamell:**
60 g Zucker
100 ml Schlagsahne
3 EL Amaretto
1 Prise Zimt
50 g gemahlene Mandeln

**Rührteig:**
125 g Butter
70 g Zucker
3 Eier
225 g Mehl
½ Päck. Backpulver
1 Prise Salz
110 ml Milch

**Vorbereitung:**
Backform fetten und Backofen vorheizen.
Ober-/Unterhitze: etwa 180 °C, Heißluft: etwa 160 °C

**Belag:**
Mandeln und Haselnüsse in einer Pfanne ohne Fett rösten, bis sie bräunen. Aus der Pfanne nehmen und abkühlen lassen.
In ein Küchentuch einschlagen und kräftig gegeneinander reiben, damit sich die Schale löst. Nun grob hacken.

**Nuss-Karamell:**
Zucker in eine Pfanne streuen und bei mittlerer Hitze goldbraun karamellisieren lassen. Sahne dazu gießen und unter Rühren so lange kochen, bis sich der Karamell vollständig gelöst hat. Amaretto und Zimt dazugeben und 1 Min. weiter kochen. Vom Herd nehmen und zwei Drittel der gehackten Mandeln und Haselnüsse sowie die gemahlenen Mandeln unterrühren.

**Rührteig:**
Butter und Zucker mit dem Mixer (Rührbesen) 2 Min. cremig rühren.
Eier nach und nach unter die Buttercreme quirlen.
Mehl, Backpulver und Salz langsam unterrühren, dabei nach und nach die Milch dazu gießen.
Den Teig in die Form geben, glatt streichen und die Nussmasse gleichmäßig darauf verteilen und ganz leicht mit der Gabel unter den Teig ziehen. Mit den restlichen gehackten Mandeln und Haselnüssen bestreuen.
Den Kuchen für ca. 25 Min. backen.

# Haselnusskuchen

Kastenform: 11 cm x 25 cm | Zubereitungszeit: ca. 20 Min.

**Rührteig:**
250 g Butter
180 g Zucker
1 Päck. Vanillezucker
4 Eier
250 g Mehl
250 g gemahlene Haselnüsse
2 TL Backpulver

**Guss:**
40 g Haselnusskerne
125 g Haselnuss Kuvertüre

**Vorbereitung:**
Backform fetten und Backofen vorheizen.
Die Haselnusskerne in einem Gefrierbeutel etwas zerkleinern.
Ober-/Unterhitze: etwa 180 °C, Heißluft: etwa 160 °C

**Rührteig:**
Butter, Zucker und Vanillezucker mit dem Mixer verquirlen. Eier nach und nach unterrühren. Mehl durch ein Sieb in den Teig sieben und mit Backpulver und Haselnüssen verrühren. Anschließend in die Form geben und ca. 60 Min backen.

**Guss:**
Kuvertüre schmelzen und über den Kuchen geben. Mit Haselnüssen dekorieren.

# Kokos Sandkuchen

Kastenform: 11 x 25 cm | Zubereitungszeit: ca. 30 Min.

**Rührteig:**
170 g Butter
230 g Zucker
4 Eier
250 g Mehl
1 TL Backpulver
50 g Kokosflocken
200 ml Kokosmilch

**zum Tränken:**
100 ml Kokosmilch

**Guss:**
200 g Puderzucker
2 EL Kokosmilch
20 g Kokosflocken

**Vorbereitung:**
Backform fetten mit Mehl bestreuen und Ofen vorheizen.
Ober-/Unterhitze: etwa 170 °C, Heißluft: etwa 150 °C

**Rührteig:**
Butter und Zucker mit dem Mixer (Rührbesen) verquirlen.
Eier nach und nach hinzufügen. Mehl und Backpulver hineinsieben und mit Kokosflocken und Kokosmilch verrühren.
Den Kuchen nun für ca. 50 Min. in den Ofen schieben.

**Tränken:**
Nach dem Backen den Kuchen 10 Min. auskühlen lassen. Mit einem Holzstäbchen Löcher in den Kuchen stechen und mit Hilfe eines Esslöffeln Kokosmilch darüber gießen.

**Guss:**
Puderzucker sieben, mit Kokosmilch verrühren und über den Kuchen geben. Mit Kokosflocken verzieren.

# Mandarine-Kokos-Kuchen

Springform: 26 cm | Zubereitungszeit: ca. 30 Min.

**Rührteig:**
125 g Butter
150 g Zucker
3 Eier
250 g Mehl
2 TL Backpulver
1 Dose Mandarinen (ca. 480 g)

**Creme-Schicht:**
600 g Schmand
3 EL Pflanzenöl
1 Päck. Vanille Puddingpulver
1 Ei
200 g Zucker

**Streusel:**
1 Ei
1 EL Milch
100 g Zucker
200 g Kokosflocken

**Vorbereitung:**
Mandarinen über einem Sieb abtropfen lassen.
Backform fetten und Ofen vorheizen.
Ober-/Unterhitze: etwa 180 °C, Heißluft: etwa 160 °C

**Rührteig:**
Butter, Zucker und Eier mit dem Mixer (Rührbesen) verquirlen.
Mehl und Backpulver unter die Creme heben.
Den Teig in die Form geben und die Mandarinen darauf verteilen.

**Creme-Schicht:**
Schmand, Pflanzenöl, Vanille Puddingpulver, Ei und Zucker mit dem Mixer (Rührbesen) verquirlen. Die Creme auf die Mandarinen geben.

**Streusel:**
Ei, Milch, Zucker und Kokosflocken verquirlen und auf den Kuchen verteilen.
Die Form für ca. 40 Min. in den Ofen schieben.

# Pistazien-Espresso-Cookies

Backblech: 30 x 40 cm | Zubereitungszeit: ca. 20 Min. | 13 Taler

**Rührteig:**
200 g Mehl
175 g gehackte Blockschokolade
½ TL Backpulver
1 Prise Salz
100 g Rohrzucker
80 g Zucker
50 g gehackte Pistazien
80 g feine Haferflocken
1 Tüte à 1,8 g lösliches Instant Espressopulver
200 g Butter
2 Eier

**Vorbereitung:**
Backblech mit Backpapier auslegen und den Backofen vorheizen.
Blockschokolade grob hacken.
Ober-/Unterhitze: etwa 180 °C, Heißluft: etwa 160 °C

**Rührteig:**
Mehl in die Schüssel sieben.
Blockschokolade, Backpulver, Salz, Rohrzucker, Zucker, Pistazien, Haferflocken und Kaffeepulver hinzufügen und verrühren.
Butter und Eier mit dem Mixer (Rührbesen) cremig schlagen.
Nach und nach die restlichen Zutaten unter die Creme heben.
Mit einem Esslöffel kleine Kleckse auf das Backblech geben ( ca. 5 cm Abstand dazwischen). Im Ofen ca. 12 Min. backen.

# Rührkuchen mit Karamellglasur

Springform: 26 cm | Zubereitungszeit: ca. 30 Min.

**Rührteig:**
180 g Butter
200 g Zucker
60 g Mehl
50 ml Mineralwasser mit Kohlensäure
200 g Dinkelmehl
50 g gemahlene Mandeln
2 TL Backpulver
4 EL Apfelmus

**Glasur:**
50 g weiße Kuvertüre
200 g Zucker
100 g Butter
250 g Schlagsahne
2 EL gehackte Haselnüsse

**Vorbereitung:**
Backform fetten und Backofen vorheizen.
Ober-/Unterhitze: etwa 180 °C, Heißluft: etwa 160 °C

**Rührteig:**
Butter und Zucker mit dem Mixer (Rührbesen) schaumig schlagen. Mehl und Wasser unterrühren. Dinkelmehl, Mandeln, Backpulver und Apfelmus unter den Teig rühren.
Teig in die Form geben und ca. 40 Min. backen.

**Glasur:**
Kuvertüre fein hacken. Zucker mit Butter in einen Topf geben und goldbraun karamellisieren. Mit Sahne ablöschen und kochen bis der Karamell sich löst.
Vom Herd nehmen. Die Kuvertüre dazugeben und unter Rühren schmelzen. Gern ein Wasserbad als Hilfe nehmen.
Sobald die Glasur beginnt anzuziehen, auf den Kuchen streichen. Den Rührkuchen mit gehackten Haselnüssen bestreuen.

# Sesam-Erdnuss-Taler

Backblech: 30 x 40 cm | Zubereitungszeit: ca. 20 Min. | 15 Taler

**Rührteig:**
200 g Butter
150 g Zucker
100 g gemahlene Haselnüsse
1 Bio Orange (Abrieb)
1 Ei
1 TL Zimt
1 TL gemahlener Kardamom
300 g Mehl

**Belag:**
50 g Butter
100 g Honig
75 g Sesam
50 g ungesalzene Erdnüsse
3 EL Aprikosenkonfitüre

**Vorbereitung:**
Backblech mit Backpapier auslegen und den Backofen vorheizen.
Erdnüsse klein hacken.
Ober-/Unterhitze: etwa 180 °C, Heißluft: etwa 160 °C

**Rührteig:**
Butter, Zucker, Haselnüsse, Abrieb von der Orange, Ei, Zimt und Kardamom mit dem Mixer (Knethaken) verquirlen.
Mehl in die Schüssel sieben und verkneten.
Teig 5 mm dick ausrollen. Taler mit einem Durchmesser von 3 cm ausstechen und auf das Backpapier legen.

**Belag:**
Butter mit Honig unter Rühren im Topf erwärmen.
Sesam sowie zerkleinerte Erdnüsse hinzufügen und lauwarm auf die Taler streichen.
Das Backblech für 15 Min. in den Ofen stellen.
Die Aprikosenkonfitüre kurz in der Mikrowelle erwärmen. Die Taler nach dem Backen damit bestreichen und trocknen lassen.

# Weiße Nussecken

Backblech: 30 x 40 cm | Zubereitungszeit: ca. 45 Min. | 15 Ecken

**Rührteig:**
200 g Butter
90 g Zucker
1 Ei
300 g Mehl

**Belag:**
4 EL Aprikosenkonfitüre
50 g Butter
100 g Zucker
100 ml Schlagsahne
1 EL Amaretto
100 g Mandelstifte

**Füllung:**
150 g weiße Kuvertüre
50 g Doppelrahmfrischkäse

**Vorbereitung:**
Backblech fetten und Backofen vorheizen.
Ober-/Unterhitze: etwa 180 °C, Heißluft: etwa 160 °C

**Rührteig:**
Butter, Zucker und Ei mit dem Mixer (Knethaken) verquirlen.
Mehl in die Schüssel sieben, unterrühren und 30 Min. kühl stellen.
Den Teig glatt auf den Boden der Backform drücken.

**Belag:**
Den Teig mit der Kuvertüre bestreichen.
Butter, Sahne, Amaretto und Zucker im Topf unter Rühren erwärmen. Die Mandelstifte einstreuen und das Ganze zu einer dickflüssigen Paste einkochen lassen. Mandel-Paste lauwarm auf dem Teig verteilen und für ca. 15 Min. backen.

**Füllung:**
Ausgekühltes Gebäck in Rauten schneiden.
Kuvertüre im Wasserbad erwärmen. Frischkäse unter die Schokolade rühren, auf den Boden der Ecken streichen und eine weitere Ecke andrücken.

# Zucker

**Saison: Saisonunabhängig**

... lässt uns schneller altern

... fördert ernste Erkrankungen

... kann abhängig machen

... macht häufig dick

... Frauen sollten nur ca. 30 g Zucker und Männer ca. 45 g Zucker pro Tag aufnehmen

*wenig Zucker*

Apfel-Zucchini-Kuchen
Dattel Balls
Stachelbeer mit Dinkelmehl
Süßkartoffel Kekse

# Apfel-Zucchini-Kuchen

Springform: 26 cm | Zubereitungszeit: ca. 40 Min.

**Rührteig:**
125 g Zucchini
125 g Apfel (z.B. Elster)
6 Eier
180 g Agavendicksaft
200 g gemahlene Haselnüsse
100 g gemahlene Mandeln
2 EL feine Haferflocken
1 EL Dinkelmehl
1 TL Backpulver

**Deko:**
100 g Puderzucker oder weiße Kuvertüre
1 ½ EL Zitronensaft
25 g gehackte Pistazien

**Vorbereitung:**
Zucchini sowie Äpfel schälen und fein raspeln.
Backform fetten und den Backofen vorheizen.
Ober-/Unterhitze: etwa 180 °C, Heißluft: etwa 160 °C

**Rührteig:**
Eier trennen und das Eiweiß steif schlagen. Eigelb und Agavendicksaft mit dem Mixer (Rührbesen) cremig schlagen. Zucchini und Äpfel etwas ausdrücken und zur Creme hinzufügen. Weitere Zutaten wie Eiweiß, Haselnüsse, Mandeln, Haferflocken, Dinkelmehl und Backpulver unterheben.
Den Teig in die Form geben und den Kuchen für ca. 60 Min. backen.

**Deko:**
Puderzucker sieben und Zitronensaft einrühren.
Zuckerguss auf den Rand geben und mit Pistazien bestreuen.

# Dattel-Energy-Balls

Zubereitungszeit: ca. 15 Min. | Je Variante 4 Stück

**Erdnuss Ball:**
160 g entsteinte Datteln
120 g gehackte, gesalzene Erdnüsse
20 g feine Haferflocken

Datteln in kleine Stücke schneiden und 10 Min. in kochendes Wasser legen. Wasser abgießen, Haferflocken hinzufügen und mit dem Mixer (Rührbesen) zu einem Teig verquirlen. Erdnüsse zerkleinern und 100 g hinzufügen. 4 Kugeln formen und in 20 g Erdnüssen wenden.

**Kokos-Mandel-Ball:**
160 g entsteinte Dattel
40 g Kokosflocken
100 g gemahlene Mandeln

Datteln in kleine Stücke schneiden und 10 Min. in kochendes Wasser legen. Wasser abgießen, Mandeln sowie 20 g Kokosflocken hinzufügen und mit dem Mixer (Rührbesen) zu einem Teig verquirlen. 4 Kugeln formen und in 20 g Kokosflocken wenden.

**Schoko-Pistazien-Ball:**
160 g entsteinte Datteln
50 g gemahlene Mandeln
20 g Kakaopulver
20 g feine Haferflocken
25 g gehackte Pistazien

Datteln in kleine Stücke schneiden und 10 Min. in kochendes Wasser legen. Wasser abgießen, Mandeln, Kakaopulver, Haferflocken sowie 15 g Pistazien hinzufügen und mit dem Mixer (Rührbesen) zu einem Teig verquirlen. 4 Kugeln formen und in 15 g Pistazien wenden.

# Stachelbeer mit Dinkel

Springform: 26 cm | Zubereitungszeit: ca. 30 Min.

**Rührteig:**
300 g Dinkelmehl
1 TL Backpulver
1 TL Natron
70 g gemahlene Mandeln
150 g Agavendicksaft
2 TL Apfelessig

**Belag:**
450 g Stachelbeeren
125 ml Wasser
3 EL Zucker
12 g Speisestärke

**Vorbereitung:**
Stachelbeeren mit etwas Wasser in einen Topf 1-2 Min. köcheln lassen. In einem Sieb auskühlen lassen.
Backform fetten und Backofen vorheizen.
Ober-/Unterhitze: etwa 180 °C, Heißluft: etwa 160 °C

**Rührteig:**
Dinkelmehl, Backpulver, Natron, Mandeln, Agavendicksaft und Apfelessig mit dem Mixer (Rührbesen) verquirlen und in die Form geben. Den Kuchen für ca. 15 Min. in den Ofen schieben.
Den Kuchen im Tortenring auskühlen lassen.

**Belag:**
Stachelbeeren auf dem ausgekühlten Boden verteilen.
Wasser mit Zucker und Speisestärke verquirlen und kurz aufkochen lassen. Den Guss über den Stachelbeeren verteilen.

# Süßkartoffel Kekse

Backblech: 30 x 40 cm | Zubereitungszeit: 30 Min. | 8 Kekse

**Rührteig:**
100 g Süßkartoffeln
50 g gemahlene Mandeln
20 g Mehl
1 Ei
1 EL Honig
1 TL Zimt
1 TL Vanillezucker
20 g Blockschokolade

**Deko:**
8 ganze Mandeln

**Vorbereitung:**
Süßkartoffel schälen, in kleine Stücke schneiden, ca. 10-15 Min. weich kochen und auskühlen lassen.
Die Schokolade in Stücke hacken.
Backblech mit Backpapier auslegen und den Backofen vorheizen.
Ober-/Unterhitze: etwa 180 °C, Heißluft: etwa 160 °C

**Rührteig:**
Die komplett ausgekühlten Süßkartoffelstückchen mit der Gabel zerdrücken. Mandeln, Mehl, Ei, Honig, Zimt und Vanillezucker hinzufügen und mit dem Mixer (Rührbesen) kurz auf niedriger Stufen verquirlen.
Die Schokolade zum Schluss unterheben.
Einen gut gehäuften EL Teig auf das Backblech geben und nicht zu nah drapieren.
Das Backblech für ca. 15 Min. in den Ofen schieben.

**Deko:**
In die noch warmen Kekse eine Mandel hinein drücken.

wenig Zucker

**Kuchen** lösen keine Probleme, *aber das tun Äpfel* JA AUCH NICHT

*Vegan*

Apfel-Dinkel-Kuchen
Avocado-Kokos-Waldbeere
Kirsch-Brownie
Kirschstreusel
Mandelkuchen
Nussecken
Prosecco-Mandarine
Sanddorn-Joghurt-Kuchen
Schoko-Kecks-Ecken
Schokokuchen mit Orange
Zitronen-Tarte

# Apfel-Dinkel-Kuchen

Springform: 26 cm | Zubereitungszeit: ca. 40 Min.

**Rührteig:**
500 g Dinkelmehl
240 g Zucker
3 EL Apfelmus
125 ml Kokosöl
125 g Soja Joghurt
125 ml Hafermilch
30 ml Wasser
1 TL Zimt
1 Prise Salz
1 TL Backpulver
1 ½ TL Natron

**Belag:**
3-4 kleine Äpfel (Elster)

**Guss:**
125 g Puderzucker
2 TL Kokosöl
2 TL Hafermilch

**Vorbereitung:**
Die Äpfel schälen, halbieren, entkernen und kreuzweise einschneiden. Den Backofen vorheizen.
Ober-/Unterhitze: etwa 180 °C, Heißluft: etwa 160 °C

**Rührteig:**
Alle Zutaten in eine Schüssel geben und mit dem Mixer (Rührbesen) verquirlen.
Den Teig in die Form geben und die Äpfel hineindrücken.
Den Kuchen für ca. 50 Min. in den Ofen schieben.

**Guss:**
Puderzucker sieben und mit dem Kokosöl sowie der Hafermilch verrühren und über den ausgekühlten Kuchen streichen.
Die Äpfel aussparen.

# *Avocado*

**Saison: ganzjährig**

... bekommen nicht jedem

... unterstützen beim Abnehmen

... liefern wertvolle Fettsäuren

... sind gut für die Muskeln

... sorgen für das Zahnfleisch

... stärken die Nerven

# Avocado-Kokos-Waldbeere

Springform: 26 cm | Zubereitungszeit: ca. 1 Std. 15 Min.

**Rührteig:**
2 Dosen à 400 ml gekühlte Kokosmilch
(65 % Kokosfleisch + Wasser)
1 reife Avocado
125 ml Öl
300 g Zucker
300 g Mehl
200 g Dinkelmehl
3 TL Backpulver

**Frucht-Schicht:**
250 g Waldbeeren
250 ml Apfelsaft
2 EL Vanillepuddingpulver

**Kokoscreme-Schicht:**
100 g Zucker
Kokoscreme

**Vorbereitung:**
Die Kokosmilch öffnen. In die Kokosmilchcreme z.B. mit einem Holzspieß 2 Löcher stechen und das Kokoswasser (ca. 1/8 l pro Dose) in eine Schüssel gießen.
Die feste Kokoscreme ebenfalls in eine Schüssel geben und kalt stellen.
Backform fetten und den Backofen vorheizen.
Ober-/Unterhitze: etwa 180 °C, Heißluft: etwa 160 °C

**Rührteig:**
Avocado halbieren, Kern entfernen, Fleisch aus der Schale lösen und mit Öl und Zucker pürieren.
Kokoswasser und beide Mehlsorten mit Backpulver portionsweise im Wechsel unterrühren.
Teig in die Form füllen und für ca. 40 Min. in den Ofen stellen.
Anschließend vollständig auskühlen lassen.

**Frucht-Schicht:**
4 EL Apfelsaft und Puddingpulver glatt rühren.
Rest vom Saft aufkochen und das angerührte Puddingpulver einrühren und kurz aufkochen.
Die Waldbeeren unterheben und abkühlen lassen.

**Kokoscreme-Schicht:**
Die kalt gestellte Kokosmilchcreme und den Zucker mit dem Mixer (Rührbesen) verquirlen.
Kokoscreme auf dem Kuchenboden verteilen anschließend die Waldbeeren darauf verstreichen und für ca. 30 Min. kalt stellen.

# Kirsch-Brownie

Springform: 26 cm | Zubereitungszeit: ca. 20 Min.

**Rührteig:**
1 Glas Schattenmorellen (ca. 350 g)
130 g Blockschokolade
400 g Mehl
160 g Zucker
60 g Kakaopulver
1 Päck. Vanillezucker
1 TL Natron
1 TL Backpulver
80 ml Hafermilch
80 ml Pflanzenöl
80 ml Agavendicksaft

**Vorbereitung:**
Kirschen in einem Sieb abtropfen lassen und den Saft auffangen. Die Schokolade in der Mikrowelle erwärmen. Backform fetten und den Backofen vorheizen.
Ober-/Unterhitze: etwa 180 °C, Heißluft: etwa 160 °C

**Rührteig:**
Mehl, Zucker, Kakaopulver, Vanillezucker, Natron und Backpulver in einer Schüssel mischen.
Hafermilch, Pflanzenöl, Agavendicksaft und 130 ml Kirschsaft verrühren. Die Mehlmischung hinzufügen und mit dem Mixer (Rührbesen) verquirlen. Nun die Schokolade unterziehen und Kirschen vorsichtig unterheben.
Den Teig in die Form geben und den Kuchen für ca. 30 Min. in den Ofen schieben.

# Kirschstreusel

Springform: 26 cm | Zubereitungszeit: ca. 30 Min.

**Boden:**
150 g Margarine
150 g Zucker
250 g Mehl
1 Prise Salz
2 Glas Schattenmorellen ( je ca. 350 g)

**Streusel:**
100 g Margarine
100 g Zucker
175 g Mehl
1 Prise Salz
½ TL Zimt

**Vorbereitung:**
Kirschen in einem Sieb abtropfen lassen.
Backform fetten und Backofen vorheizen.
Ober-/Unterhitze: etwa 180 °C, Heißluft: etwa 160 °C

**Boden:**
Margarine, Zucker, Mehl und Salz mit dem Mixer (Rührbesen) verquirlen. Den Teig auf dem Boden der Form andrücken und die Kirschen darauf verteilen.

**Streusel:**
Margarine, Zucker, Mehl, Salz und Zimt mit dem Mixer (Rührbesen) zu Streuseln verarbeiten. Sind die Streusel zu groß, etwas Mehl hinzufügen. Sind sie zu klein, etwas Margarine hinzufügen.
Die Streusel auf den Kirschen verteilen und den Kuchen für ca. 40 Min. backen.

# Mandelkuchen

Kastenform: 11 cm x 25 cm | Zubereitungszeit: ca. 20 Min.

**Rührteig:**
300 g Mehl
250 g Sojamilch
180 g Zucker
125 ml Pflanzenöl
1 EL Backpulver
1 TL Vanillemark
50 g gemahlene Mandeln
40 g gehackte Mandeln

**Guss:**
100 g weiße Kuvertüre

**Vorbereitung:**
Backform fetten mit Mehl bestreuen. Backofen vorheizen.
Ober-/Unterhitze: etwa 180 °C, Heißluft: etwa 160 °C

**Rührteig:**
Alle Zutaten in eine Schüssel geben und mit dem Mixer (Rührbesen) verquirlen.
Den Kuchen für ca. 50 Min. in den Ofen schieben.

**Guss:**
Kuvertüre langsam in der Mikrowelle schmelzen lassen und über den Kuchen geben.

# Nussecken

Backblech: 30 cm x 40 cm | Zubereitungszeit: ca. 30 Min. | 30 Ecken

**Rührteig:**
450 g Mehl
2 TL Backpulver
200 g Zucker
2 Päck. Vanillezucker
200 g Margarine
5 EL kaltes Wasser
1 Prise Salz
5 EL Aprikosenkonfitüre

**Nussmasse:**
150 g Margarine
150 g Zucker
2 Päck. Vanillezucker
3 EL Wasser
200 g gehobelte Haselnüsse
100 g gemahlene Mandeln

**Guss:**
200 g vegane Zartbitterkuvertüre
Aluminiumfolie

## *Tipp*

Ist der Rohrzucker im Schrank zum festen Klumpen entstanden, besteht die Möglichkeit ihn im Ofen bei
120 °C für 5 Min weich zu backen und anschließend auskühlen lassen.
Die andere Variante wäre mit dem Mixer oder der Küchemaschine ihn wieder zu zerkleinern.

**Vorbereitung:**
Backblech einfetten und den Backofen vorheizen.
Ober-/Unterhitze: etwa 180 °C, Heißluft: etwa 160 °C

**Rührteig:**
Mehl, Backpulver, Zucker, Vanillezucker, Margarine, kaltes Wasser und eine Prise Salz mit dem Mixer (Knethaken) verquirlen.
Den Teig gleichmäßig auf dem Backblech verteilen und mit Aprikosenkonfitüre bestreichen.

**Nussmasse:**
Margarine, Zucker, Vanillezucker und Wasser bei geringer Hitze in einem Topf schmelzen. Haselnüsse und Mandeln unter die Masse rühren und auf dem Teig verteilen.
Das Backblech für ca. 25 Min. in den Ofen schieben.

**Guss:**
Das Gebäck auskühlen lassen und in Dreiecke schneiden.
Aluminiumfolie auf die Arbeitsfläche legen und das Küchenrost daraufstellen.
Zartbitterkuvertüre in der Mikrowelle schmelzen und die Spitzen der Nussecken darin eintunken.
Auf dem Kuchengitter aushärten lassen.

# Prosecco-Mandarine

Springform: 26 cm I Zubereitungszeit: ca. 30 Min.

**Rührteig:**
110 g Mehl
80 g Zucker
1 EL Backpulver
1 Päck. Vanillezucker
2 EL Pflanzenöl
125 ml Wasser

**Prosecco-Schicht:**
1 Dose Mandarinen (ca. 480 g)
100 ml Prosecco
1 Päck. Agartine
200 g Creme fit (Vegane Creme Fraîche)
50 g Zucker

**Vorbereitung:**
Mandarinen abtropfen lassen und den Saft dabei auffangen.
Backform fetten und den Ofen vorheizen.
Ober-/Unterhitze: etwa 180 °C, Heißluft: etwa 160 °C

**Rührteig:**
Mehl, Zucker, Backpulver, Vanillezucker, Pflanzenöl und Wasser mit dem Mixer (Rührbesen) gut vermengen und in die Form geben. Den Kuchen ca. 20 Min backen.

**Prosecco-Schicht:**
Mandarinen auf den ausgekühlten Boden verteilen. 150 ml Saft mit Agartine zum kochen bringen und 2 Min. köcheln lassen.
Von der Herdplatte nehmen und den Prosecco dazugeben.
In einer Schüssel die Creme fit mit dem Zucker verquirlen. Wenn die Prosecco-Mischung etwas abgekühlt ist, die Creme zur Prosecco-Mischung geben, vermengen und auf die Mandarinen geben.
Den Kuchen ca. 2 Std. kalt stellen.

# Sanddorn-Joghurt-Kuchen

Springform: 26 cm | Zubereitungszeit: ca. 1 Std und 15 Min.

**Boden:**
180 g Mehl
85 ml Pflanzenöl
80 g Zucker
2 EL gemahlene Mandeln
2 EL Hafermilch
½ EL Vanillemark
30 g Pumpernickel
160 g Margarine

**Joghurt-Schicht:**
150 ml Sanddornsaft
3 Beutel (je 10 g) Agartine
1 kg Sojajoghurt
120 g Zucker
400 g vegane Schlagsahne
4 EL Vanillezucker

**Vorbereitung:**
Backblech mit Backpapier auslegen. Ofen vorheizen.
Ober-/Unterhitze: etwa 180 °C, Heißluft: etwa 160 °C

**Boden:**
Mehl, Pflanzenöl, Zucker, Mandeln, Hafermilch, Vanillemark und Pumpernickel mit dem Mixer (Rührbesen) verquirlen.
Teig auf die Arbeitsfläche ausrollen und Kekse ausstechen. Auf das Backblech legen und ca. 10 Min. backen.
Kekse auskühlen lassen und in ein Gefrierbeutel zerbröseln.
Die Brösel mit zerlassener Margarine mischen. Springformrand fetten und mit Backpapier auslegen.
Keks-Mischung auf den Boden andrücken und kalt stellen.

**Joghurt-Schicht:**
Sanddornsaft mit Agartine im Topf aufkochen lassen.
Vom Herd nehmen und abkühlen.
Joghurt mit Zucker verrühren.
Schlagsahne mit Vanillezucker aufschlagen und unter den Joghurt heben. Sanddornsaft unterrühren und auf den Schoko-Keks-Boden geben. Kuchen ca. 3 Std. kalt stellen.

# Schoko-Kecks-Ecken

Backblech: 26 cm | Zubereitungszeit: ca. 15 Min. | ca. 12 Keckse

**Rührteig:**
180 g Mehl
80 ml Pflanzenöl
80 g Zucker
2 EL gemahlene Mandeln
2 EL Hafermilch
½ EL Vanillemark

**Vorbereitung:**
Backblech mit Backpapier auslegen. Ofen vorheizen.
Ober-/Unterhitze: etwa 180 °C, Heißluft: etwa 160 °C

**Rührteig:**
Mehl, Pflanzenöl, Zucker, Mandeln, Hafermilch und Vanillemark mit dem Mixer (Rührbesen) verquirlen.
Teig auf die Arbeitsfläche ausrollen und Kekse ausstechen.
Auf das Backblech legen und ca. 10 Min. backen.

# Schokokuchen mit Orange

Springform: 26 cm | Zubereitungszeit: ca. 30 Min.

**Rührteig:**
215 g entsteinte Datteln
75 g Mehl
1 TL Backpulver
50 g gemahlene Mandeln
85 g Polenta
35 g Kakao
1 Prise Salz
100 ml Pflanzenöl
1 Bio Orange
120 ml Hafermilch
5 EL heißes Wasser

**Guss:**
2 große Avocados
60 g Kakao
150 ml Agavendicksaft
2 EL Pflanzenöl
½ TL Vanillemark
1 TL Zimt

**Vorbereitung:**
Backform fetten und den Ofen vorheizen.
Ober-/Unterhitze: etwa 180 °C, Heißluft: etwa 160 °C

**Rührteig:**
Datteln im Hochleistungsmixer zerkleinern.
Zunächst Mehl, Backpulver, Mandeln, Polenta, Kakao, Salz und Öl in einer Schüssel vermengen.
Anschließend Orangenabrieb, Saft, Hafermilch und das Wasser in die Schüssel geben und mit dem Mixer (Rührbesen) verquirlen.
Den Teig in die Form geben und den Kuchen für ca. 30 Min. in den Ofen schieben.

**Guss:**
Avocado schälen, entkernen, in Stücke schneiden und pürieren.
Kakao, Agavendicksaft, Öl, Vanillemark, Zimt und die Avocado mit dem Mixer (Rührbesen) verquirlen.
Die Masse auf dem ausgekühlten Kuchen verstreichen.

# Orangen-Kürbis-Tarte

Springform: 26 cm | Zubereitungszeit: ca. 45 Min.

**Knetteig:**
2 EL geschälte Kürbiskerne
200 g Mehl
½ TL Backpulver
1 Prise Salz
50 g Zucker
100 g Margarine
3 EL kaltes Wasser
Hülsenfrüchte zum Blindbacken

**Füllung:**
300 ml Mandarinensaft (aus ca. 7 Stück)
30 ml Limettensaft
35 g Speisestärke
50 g Zucker
100 g Margarine

**Deko:**
1 EL Kürbiskerne

**Vorbereitung:**
Backform fetten und Backofen vorheizen.
Ober-/Unterhitze: etwa 180 °C, Heißluft: etwa 160 °C

Das Backen von Kuchen ist in Europa
und Nordamerika traditionell verbreitet.
Auf den anderen Kontinenten spielt es
nur eine untergeordnete Rolle.
In Asien sind fast ausschließlich
Reiskuchen bekannt.
In China haben außerdem Mohnkuchen
eine besondere Bedeutung.

Wie schön, dass wir zu diesem Genuss
kommen zum Kaffee oder Tee einen
Kuchen zu genießen.

**Knetteig:**
2 EL Kürbiskerne fein hacken. Mit Mehl und Backpulver, Salz und 50 g Zucker mischen. Margarine hinzugeben und alles mit dem Mixer (Knethaken) leicht verrühren.
3 EL kaltes Wasser hinzugeben und verkneten.
Den Teig auf den Boden und Rand auslegen und 10 Min. kalt stellen.
Teigboden mit der Gabel mehrmals einstechen, mit Backpapier auslegen und mit Hülsenfrüchten belegen.
Boden für 8 Min. backen. Hülsenfrüchte entfernen und weitere 12 Min. backen.

**Füllung:**
Mandarinen auspressen. 300 ml vom Saft abmessen. Mit Limettensaft, Speisestärke und Zucker in einem Topf verrühren. Unter Rühren erhitzen, einmal kurz aufkochen lassen. Übrige Margarine untermixen. Masse auf den Boden verteilen und auskühlen lassen.

**Deko:**
Die Kürbiskerne auf den Rand streuen.

## Tipp

Wer Kekse backt und möchte, dass alle die gleiche Größe habe, könnte einen Eisportionieren verwenden, um gleichgroße Kekse zu backen.

## Glutenfrei

Apfel-Mohn-Kuchen
Apfel-Pudding
Cappuccino-Torte
Erdnuss-Taler
Hafer-Whoopies
Himbeer-Brownie
Joghurtcreme Torte
Käsekuchen mit Pfirsich
Kiba-Torte
Mandarine-Quark
Mohn-Rhabarber-Streusel
Nusstorte
Pfirsich-Creme
Pflaumenkuchen
Rhabarber Kuchen
Sahne-Torte
Sanddorn-Polenta-Käsekuchen
Schoko-Torte
Stachelbeer-Baiser

# Apfel-Mohn-Kuchen

Springform: 26 cm | Zubereitungszeit: ca. 20 Min.

**Rührteig:**
4 Eier
100 g Butter
80 g Zucker
1 Päck. Vanillezucker
2 Äpfel (z.B. Elster)
1 Bio Zitrone (frisch gepresst)
100 g backfertiger Mohn
2 TL Backpulver

**Deko:**
etwas Puderzucker

**Vorbereitung:**
Die Äpfel schälen, raspeln und mit Zitronensaft beträufeln.
Backform fetten und den Backofen vorheizen.
Ober-/Unterhitze: etwa 180 °C, Heißluft: etwa 160 °C

**Rührteig:**
Die Eier trennen und Eiweiß steif schlagen. Die Eigelbe mit Butter, Zucker und Vanillezucker mit dem Mixer (Rührbesen) cremig rühren. Äpfel, Mohn und das Backpulver unter die Creme rühren. Anschließend den Eischnee unterheben und in die Backform geben.
Die Form für ca. 45 Min. in den Ofen schieben.
Den Kuchen am Besten über Nacht ziehen lassen und als Deko mit etwas Puderzucker bestäuben.

# Apfel-Pudding-Kuchen

Springform: 26 cm I Zubereitungszeit: ca. 35 Min.

**Boden:**
250 g Butterkekse (z.B. von Schär)
125 g Butter

**Füllung:**
Ca. 400 g Äpfel (z.B. Elster)
½ TL Zimtpulver
2 Päckchen Vanillepuddingpulver
(zum kalt anrühren)
500 ml Milch
250 ml Schlagsahne

**Vorbereitung:**
Boden der Backform fetten und mit Backpapier auslegen. Den Backofen vorheizen.
Ober-/Unterhitze: etwa 180 °C, Heißluft: etwa 160 °C

**Boden:**
Die Butterkekse in einen Gefrierbeutel geben und mit dem Nudelholz zerbröseln. Die Butter schmelzen, mit den Keksstreuseln vermengen und die Masse auf den Boden der Backform geben.

**Füllung:**
Die Äpfel schälen, entkernen, halbieren und mit dem Messer etwas einritzen. Nun auf den Tortenboden verteilen.
Zimt über die Äpfel streuen.
Vanillepuddingpulver mit Milch und Sahne verquirlen und auf das Obst verteilen. Den Kuchen für ca. 60 Min. in den Ofen schieben.
Nach dem Backen mind. 3 Std. kalt stellen.
Kann gut am Vortag zubereitet werden.

**Tipp:** Schmeckt auch wunderbar mit Birnen.

# Cappuccino-Torte

Springform: 26 cm | Zubereitungszeit: ca. 40 Min.

**Rührteig:**
4 Eier
120 g Zucker
100 g gemahlene Haselnüsse
100 g gemahlene Mandeln
100 g Schokoladenraspeln
2 TL Backpulver

**Sahne-Schicht:**
1 Dose Birnen (ca. 480 g)
600 g Schlagsahne
1 Päck. Vanillezucker
5 TL lösliches Instant Espressopulver
1 Päck. (15 g) Gelatine Fix von Dr. Oetker
30 g Schokoladenraspeln

**Vorbereitung:**
Backform fetten und mit Backpapier auslegen.
Birnen abtropfen lassen und in dicke Scheiben schneiden.
Ofen vorheizen.
Ober-/Unterhitze: etwa 180 °C, Heißluft: etwa 160 °C

**Rührteig:**
Eier trennen, Eiweiß steif schlagen. Eigelb mit Zucker, Haselnüssen, Mandeln, Schokoraspeln und Backpulver mit dem Mixer (Rührbesen) verrühren. Zum Schluss Eischnee unterheben.
Den Teig in die Form geben und ca. 30 Min. backen.

**Sahne-Schicht:**
Von dem ausgekühlten Boden eine dünne Schicht abschneiden, zerbröseln und beiseite stellen.
Birnen auf den Tortenboden legen.
Sahne steif schlagen. Vanillezucker und Espressopulver einrühren.
Gelatine mit dem Schneebesen unterheben.
Die Sahne auf die Birnen streichen, Krümel darauf verteilen und mit Schokoraspeln bestreuen.

# Erdnuss-Taler

Backblech: 30 x 40 cm | Zubereitungszeit: ca. 20 Min. | ca. 12 Taler

**Rührteig:**
85 g Zucker
90 g Rohrzucker
1 TL Natron
½ TL Vanillemark
250 g Erdnussbutter
1 Ei

**Vorbereitung:**
Backblech mit Backpapier auslegen und den Backofen vorheizen.
Ober-/Unterhitze: etwa 180 °C, Heißluft: etwa 160 °C

**Rührteig:**
Zucker, Rohrzucker, Natron, Vanillemark und Erdnussbutter mit dem Mixer (Rührbesen) geschmeidig rühren. Das Ei ½ Min. einrühren. Mehrere EL Teig mit jeweils 4 cm Abstand auf das Backblech geben. Die Taler ca. 10 Min. backen.

# Hafer-Whoopies

Backblech: 30 x 40 cm | Zubereitungszeit: ca. 30 Min.

**Rührteig:**
65 g glutenfreies Mehl (z.B. von Schär)
65 g Speisestärke
1 TL Backpulver
1 Prise Salz
85 g Margarine
100 g Rohrzucker
½ TL Vanillezucker
1 EL Apfelmus
75 g gemahlene Haselnüsse

**Creme-Füllung:**
1 EL Frischkäse
60 g Zartbitter Kuvertüre

**Vorbereitung:**
Backblech mit Backpapier auslegen.
Ober-/Unterhitze: etwa 180 °C, Heißluft: etwa 160 °C

**Rührteig:**
Mehl, Speisestärke, Backpulver, Salz, Margarine, Rohrzucker, Vanillezucker, Apfelmus und Haselnüsse in einer Schüssel mit dem Mixer (Rührbesen) verquirlen.
9 Kugeln formen, (1 Kugel ca. 45 g) jede Kugel einmal durchschneiden, auf das Backpapier legen und für ca. 15 Min. backen.

**Creme-Füllung:**
Die Kuvertüre in der Mikrowelle erwärmen und Frischkäse unterrühren. Die Creme auf das Gebäck streichen, ein zweites Gebäck daraufsetzten und etwas andrücken.

# Himbeer-Brownies

Springform: 26 cm | Zubereitungszeit: ca. 25 Min.

120 g Datteln ohne Stein
170 g Blockschokolade
145 g Butter
1 Dose Kichererbsen (ca. 240 g)
70 g gemahlene Mandeln
25 g Kakaopulver
90 g Zucker
½ TL Backpulver
3 Eier
1 Prise Salz
250 g Himbeeren (frisch oder tiefgekühlt)

**Vorbereitung:**
Die Datteln mit heißem Wasser übergießen und ca. 15 Min. einweichen. Tiefgefrorene Himbeeren müssen nicht aufgetaut werden.
Backform fetten und den Backofen vorheizen.
Ober-/Unterhitze: etwa 180 °C, Heißluft: etwa 160 °C

Datteln und Kichererbsen in ein Sieb abgießen und abtropfen lassen. Anschließend beide Zutaten mit dem Stabmixer fein pürieren.
Blockschokolade in der Mikrowelle schmelzen lassen.
Eier mit Zucker und Salz 5 Min. mit dem Mixer (Rührbesen) cremig aufschlagen.
Die Schokolade und die Butter langsam hinzufügen.
Zunächst das Kichererbsen-Dattel-Püree, dann Mandeln, Kakaopulver und Backpulver unterrühren.
Die Himbeeren zum Schluss vorsichtig unter den Teig heben.
Den Teig in die Form füllen und im Ofen ca. 40 Min. backen.
Er sollte in der Mitte noch etwas weich sein.

# Joghurtcreme-Torte

Springform: 26 cm | Zubereitungszeit: ca. 35 Min.

**Rührteig:**
3 Eier
100 g Zucker
100 ml Pflanzenöl
3 Päck. Vanillepuddingpulver
2 TL Backpulver

**Creme-Schicht:**
1 Bio Zitrone (30 ml)
1 kg Joghurt (3,5 %)
100 g Zucker
3 Beutel (je 15 g) Gelatine Fix von Dr. Oetker
250 g Schlagsahne
1 Dose Pfirsiche (ca. 480 g)
1 EL gehackte Pistazien

**Vorbereitung:**
Die Pfirsiche abtropfen lassen und in Spalten schneiden.
Backform einfetten und den Ofen vorheizen.
Ober-/Unterhitze: etwa 180 °C, Heißluft: etwa 160 °C

**Rührteig:**
Eier, Zucker und Öl mit dem Mixer (Rührbesen) verquirlen. Vanillepuddingpulver und Backpulver unterrühren. Den Teig in die Form geben und ca. 30 Min. backen.

**Creme-Schicht:**
Zitronensaft, Joghurt und Zucker verrühren. Gelatine einrühren. Sahne steif schlagen und unter die Creme heben. Die Hälfte der Creme auf den Boden geben. Pfirsiche darauf verteilen und die restliche Creme darauf streichen.
Den Kuchen 3 Std. kalt stellen und mit Pistazien dekorieren.

*KUCHEN stellt*
keine dummen Fragen-
**Kuchen
versteht!**

# *Pfirsich*

## Saison: ganzjährig

... tut Haut und Augen gut

... hilft dem Herzen

... schützt die Zellen

... tut Haut und Augen gut

... stärkt das Immunsystem

... enthölt wichtige Pflanzenstoffe

... bekommt den meiste gut

# Käsekuchen mit Pfirsichen

Springform: 26 cm | Zubereitungszeit: ca. 15 Min.

## Rührteig:
80 g Butter
3 Eier
½ Bio Zitrone (Saft)
750 g Magerquark
90 g Zucker
2 Päck. Vanillepuddingpulver
2 TL Backpulver
1 Dose Pfirsiche (480 g)

## Guss:
150 g Aprikosenkonfitüre

## Vorbereitung:
Backform fetten und Backofen vorheizen.
Ober-/Unterhitze: etwa 180 °C, Heißluft: etwa 160 °C

## Rührteig:
Butter, Eier, Zitronensaft, Quark und Zucker mit dem Mixer (Rührbesen) verquirlen.
Das Puddingpulver sowie Backpulver dazugeben, unterrühren und den Teig in die Springform geben.
Pfirsiche in Spalten schneiden und auf den Teig legen.
Den Kuchen 65 Min. backen.

## Guss:
Kuvertüre erwärmen und den abgekühlten Kuchen damit bestreichen.

# Kiba-Torte

Springform: 26 cm | Zubereitungszeit: ca. 45 Min.

**Boden:**
2 Eier
50 g Zucker
¼ Bio Zitrone (Saft)
50 g Speisestärke
½ TL Backpulver
150 g Kirschkuvertüre

**Creme:**
500 g Frischkäse
500 g Magerquark
120 g Zucker
1 Päck. Vanillezucker
3 Bananen (ca. 340 g)
¼ Bio Zitrone (Saft)
3 Beutel (je 15 g) Gelatine Fix von Dr. Oetker
200 g Schlagsahne

**Obst-Schicht:**
1 Glas Kirschen (ca. 350 g)
6 g Speisestärke

## Tipp

Alternativ zum Mehl können folgende Mehlsorgen glutenfrei verwendet werden. Reismehl, Vollkornreismehl, Buchweizenmehl, Chia Mehl, Hirse Mehl, Leinsamenmehl und Maismehl.
Mit diesen Mehlsorten ist der Kuchen jedoch oft etwas trocken.
Von der Firma Schär gibt es Mehlmischungen für Kuchen und Gebäck, die kaum ein geschmacklichen Unterschied zum „normalen" Mehl haben.

## Vorbereitung:
Boden der Backform fetten und mit Backpapier auslegen.
Den Backofen vorheizen.
Ober-/Unterhitze: etwa 180 °C, Heißluft: etwa 160 °C

## Boden:
Die Eier trennen und Eiweiß steif schlagen. Zucker unter den Eischnee rühren. Dann erst die Eigelbe, einen Spritzer Zitronensaft, Speisestärke und Backpulver unterheben.
Den Teig in die Form geben und ca. 20 Min. backen.
Den Boden auskühlen lassen. Die Kirschkuvertüre erwärmen und auf den Boden streichen.

## Füllung:
Frischkäse, Magerquark, Zucker, und Vanillezucker verrühren.
Die Bananen zerdrücken, mit Zitronensaft vermischen und zur Frischkäse-Quark-Masse geben.
Anschließend die Gelatine einrühren.
Sahne steif schlagen und unterheben. Den Kuchen 4 Std. kalt stellen.

## Obst-Schicht:
Die Kirschen abtropfen lassen, den Kirschsaft auffangen.
Auf die Torte nun die Kirschen verteilen. Die Speisestärke mit den 125 ml Kirschsaft in einem Topf verrühren und aufkochen lassen.
Mit Hilfe eines Esslöffels über die Kirschen verteilen und auskühlen lassen.

# Mandarinen-Quark-Torte

Springform: 26 cm | Zubereitungszeit: ca. 40 Min.

**Boden:**
4 Eier
1 Bio Orange (Saft)
120 g Zucker
200 g gemahlene Haselnüsse

**Quark Masse:**
1 Bio Zitrone (Saft)
500 g Magerquark
100 g Zucker
250 g Sahne
1 Päck. Gelatine Fix
1 Dose Mandarinen (ca. 480 g)

**Vorbereitung:**
Die Mandarinen in einem Sieb abtropfen lassen.
Boden der Backform fetten und mit Backpapier auslegen. Den Backofen vorheizen.
Ober-/Unterhitze: etwa 180 °C, Heißluft: etwa 160 °C

**Boden:**
Die Eier trennen, Eiweiß steif schlagen. Orange auspressen. 4 EL Orangensaft, die Eigelbe und Zucker mit dem Mixer (Rührbesen) verrühren.
Die Haselnüsse dazugeben und Eischnee unterheben.
Den Teig in die Form geben und ca. 25 Min. backen.

**Füllung:**
Zitronensaft, Magerquark und Zucker mit dem Mixer (Rührbesen) verrühren. Die Sahne steif schlagen.
Die Gelatine mit dem Schneebesen unter die Quarkmischung rühren. Die Sahne unterheben. 10 Mandarinen zur Seite stellen.
Die Restlichen unter die Masse heben.
Die Quarkmasse auf den ausgekühlten Boden verteilen und 6 Std. in den Kühlschrank stellen.
Mit den 10 Mandarinen und ein paar Spritzern Zitronensaft nach den 6 Std. den Kuchen dekorieren.

# Mohn-Rhabarber-Streusel

Springform: 26 cm | Zubereitungszeit: ca. 30 Min.

**Boden:**
150 g Butter
140 g Zucker
1 Päck. Vanillezucker
1 Prise Salz
4 Eier
250 g glutenfreies Mehl
(z.B. von Schär)
1 TL Backpulver

**Füllung:**
500 g Rhabarber

230 ml Milch
1 Päck. Vanille Puddingpulver
(zum kalt anrühren)
1 Päck. Mohn Back von Dr. Oetker

**Streusel:**
150 g glutenfreies Mehl
75 g Zucker
100 g Butter
1 Päck. Vanillezucker

**Vorbereitung:**
Frischen Rhabarber in ca. 1 cm dicke Stücke schneiden und 1 Min. in heißem Wasser kochen. Abgießen und gut abtropfen lassen. Form fetten und Backofen vorheizen.
Ober-/Unterhitze: etwa 180 °C, Heißluft: etwa 160 °C

**Boden:**
Butter, Zucker, Vanillezucker und Salz mit dem Mixer (Rührbesen) verquirlen. Eier nach und nach hinzufügen. Mehl und Backpulver in den Teig rühren. In die Form geben.

**Füllung:**
Milch mit Puddingpulver verquirlen. Mohn hinzufügen. Mohn-Pudding-Masse auf den Boden streichen. Rhabarber auf den Teig geben und etwas hinein drücken.

**Streusel:**
Mehl, Zucker, Butter und Vanillezucker mit dem Mixer (Knethaken) zu Streuseln verarbeiten. Diese auf den Kuchen streuen und die Form für ca. 45 Min. in den Backofen schieben.

# Nusstorte

Springform: 26 cm | Zubereitungszeit: ca. 60 Min.

**Rührteig:**
3 Eier
120 g Zucker
50 g Blockschokolade
120 g gemahlene Haselnüsse
1 EL Mehl
1 TL Backpulver

**Mandel-Krokant:**
100 g gehobelte Mandeln
4 EL Zucker
2 EL Butter

**Sahne-Creme:**
80 ml kalter Kaffee
800 g Schlagsahne

**Vorbereitung:**
Backform fetten und den Backofen vorheizen.
Ober-/Unterhitze: etwa 180 °C, Heißluft: etwa 160 °C

**Rührteig:**
Eier und Zucker 2 Min mit dem Mixer (Rührbesen) schaumig schlagen. Blockschokolade reiben, mit Haselnüssen, Mehl und Backpulver mischen und unter die Eiercreme rühren.
Die Masse in die Form geben und ca. 35 Min. backen.

**Mandel-Krokant:**
Mandeln mit 4 EL Zucker in einem Topf erhitzen.
Unter gelegentlichem Rühren goldbraun karamellisieren.
Butter zugeben und darin schmelzen.
Mischung auf einem Stück Backpapier auskühlen lassen.

**Sahne-Creme:**
Sahne steif schlagen und den Kaffee hinzufügen.
Die Sahne locker auf dem Kuchenboden verteilen und das ausgekühlte Mandel-Karamell darüber bröseln.

# Pfirsich-Creme-Kuchen

Backblech: 30 x 40 cm | Zubereitungszeit: ca. 30 Min.

**Rührteig:**
5 Eier
200 g Zucker
1 Päck. Vanillezucker
200 g gemahlene Mandeln
1 TL Backpulver

500 g Schlagsahne
250 g Schmand
30 g Zucker
3 Beutel (je 15 g) Gelatine Fix von Dr. Oetker
30 g Speisestärke
250 ml Fruchtsaft oder Wasser

**Creme Schicht:**
1 kg Pfirsiche (ca. 8 frische Früchte oder 2 Dosen)

**Vorbereitung:**
Die Pfirsiche abtropfen lassen und 250 ml Saft auffangen. Frische Pfirsiche in Spalten schneiden.
Backblech einfetten und den Ofen vorheizen.
Ober-/Unterhitze: etwa 180 °C, Heißluft: etwa 160 °C

**Rührteig:**
Eier trennen und das Eiweiß steif schlagen.
Eigelb, Zucker und Vanillezucker mit dem Mixer (Rührbesen) 3 Min. verquirlen. Anschließend zunächst Mandeln, Backpulver, dann Eiweiß unterheben. Den Teig in die Form geben, glatt streichen und ca. 20 Min. backen und auskühlen lassen.

**Cremeschicht:**
Den Kuchenboden mit den Pfirsichen belegen.
8 Pfirsichspalten mit 250 ml Saft oder Wasser mit dem Stabmixer pürieren. Sahne steif schlagen. Zunächst Schmand und Zucker mit dem Schneebesen unterheben anschließend Gelatine unterrühren. Die Creme auf die Pfirsiche streichen und ca. 1 Std. kühl stellen.

**Guss:**
Speisestärke in den Saft einrühren, aufkochen und auf dem Kuchen verteilen.

# Pflaumenkuchen

Springform: 26 cm | Zubereitungszeit: ca. 20 Min.

**Rührteig:**
300 g Pflaumen
3 Eier
40 g Butter
60 g Zucker
50 g glutenfreier Gries
250 g Magerquark
20 g Butterflocken

**Vorbereitung:**
Die Pflaumen waschen, halbieren und entkernen.
Backform fetten und den Backofen vorheizen.
Ober-/Unterhitze: etwa 180 °C, Heißluft: etwa 160 °C

**Rührteig:**
Eier trennen. Eiweiß steif schlagen.
Butter, Zucker, Grieß und Quark mit dem Mixer (Rührbesen) verrühren. Eischnee locker unter die Masse heben.
Den Rührteig in die Form geben, mit Pflaumen belegen und mit Butterflocken bestreichen.
Die Form für ca. 30 Min. in den Backofen schieben.

# Rhabarber-Marzipan-Kuchen

Springform: 26 cm | Zubereitungszeit: ca. 30 Min.

**Rührteig:**
300 g Rhabarber
100 g Marzipanrohmasse
3 Eier
75 ml Speiseöl
90 g Zucker
1 Päck. Vanillezucker
1 Prise Salz
75 g glutenfreies Mehl (z.B. von Schär)
75 g gemahlene Mandeln
1 EL Backpulver
50 g gehackte Mandeln

**Guss:**
100 g Puderzucker
1 ½ TL Zitronensaft

**Vorbereitung:**
Frischen Rhabarber in ca. 1 cm dicke Stücke schneiden und nur 1 Min. in kochen. Abgießen und gut abtropfen lassen. Marzipan grob raspeln. Backform fetten und den Backofen vorheizen.
Ober-/Unterhitze: etwa 180 °C, Heißluft: etwa 160 °C

**Rührteig:**
Marzipan, Eier, Öl, Zucker, Vanillezucker und Salz mit dem Mixer (Rührbesen) glatt rühren. Mehl, Mandeln und Backpulver unter die Masse rühren. Den Teig in die Form geben und mit den Rhabarberstücken belegen. Mit gehackten Mandeln bestreuen und für ca. 45 Min. in den Ofen schieben.

**Guss:**
Puderzucker sieben und mit Zitronensaft verrühren. Den heißen Kuchen damit bepinseln.

# Sahne-Torte

Springform: 26 cm | Zubereitungszeit: 45 Min.

**Biskuitteig:**
5 Eier
130 g Puderzucker
100 g glutenfreies Mehl
(z.B. von Schär)
20 g Kakaopulver
1 TL Backpulver

**Schokocreme:**
800 ml Schlagsahne
200 g Blockschokolade
2 Beutel (je 15 g) Gelatine Fix von Dr. Oetker

**Vorbereitung:**
Boden der Backform fetten und mit Backpapier auslegen.
Den Backofen vorheizen.
Ober-/Unterhitze: etwa 180 °C, Heißluft: etwa 160 °C

**Biskuitteig:**
Die Eier trennen. Das Eiweiß mit der Hälfte des Zuckers steif schlagen. Eigelb mit dem restlichen Zucker cremig schlagen.
Mehl und Kakao sowie Backpulver auf die Creme sieben und mit dem Eiweiß vorsichtig unterheben.
Den Teig in die Form geben und für ca. 35 Min. in den Ofen stellen. Den Boden erkalten lassen. Anschließend das Backpapier abziehen und den Boden zweimal durchschneiden.

**Schokocreme:**
Schokolade in der Mikrowelle schmelzen und etwas abkühlen lassen. Die Sahne steif schlagen und Gelatine mit dem Schneebesen unterrühren.
Anschließend die Schokolade unterheben.
Auf den Biskuitboden etwa ein Viertel der Schokosahne streichen. Den zweiten Boden auflegen und ein weiteres Viertel darauf streichen. Den letzten Boden auflegen. Vier Esslöffel Schokosahne in einen Spritzbeutel mit Spritztülle (z.B. Größe 13) füllen.
Mit der restlichen Schokosahne die Torte komplett bestreichen und Tupfer auf die Torte spritzen.

# Sanddorn-Polenta-Käsekuchen

Springform: 26 cm | Zubereitungszeit: ca. 30 Min.

**Rührteig:**
4 Eier
200 g Zucker
200 ml Sanddornsaft
500 g Frischkäse
400 g Schmand
500 g Magerquark
125 g Polenta (Maisgrieß)

**Guss:**
12 g Speisestärke
250 ml Sanddornsaft

**Vorbereitung:**
Backform fetten und mit ca. 35 g Polenta einstreuen.
Ofen vorheizen.
Ober-/Unterhitze: etwa 180 °C, Heißluft: etwa 160 °C

**Rührteig:**
Eier trennen, Eiweiß steif schlagen. Eigelb und Zucker mit dem Mixer (Rührbesen) schaumig rühren.
Sanddornsaft, Frischkäse, Schmand, Quark und Polenta unterrühren.
Zuletzt den Eischnee unterheben.
Den Teig in die Form geben und ca. 65 Min. backen.

**Guss:**
Speisestärke in den Sanddornsaft einrühren und aufkochen lassen.
Den Guss über den ausgekühlten Kuchen geben.

# Schoko-Torte

Springform: 26 cm | Zubereitungszeit: ca. 30 Min.

**Rührteig:**
400 g Blockschokolade
8 EL Pflanzenöl
200 g Rohrzucker
200 ml Sojamilch
8 EL Apfelmus
4 EL Speisestärke
2 TL Backpulver
1 Prise Salz

200 g gutenfreies Mehl
(z.B. von Schär)
30 g Walnüsse

**Pudding-Füllung:**
450 ml Sojamilch
1 Päck. glutenfreies Puddingpulver

**Vorbereitung:**
Backform fetten und Backofen vorheizen.
Ober-/Unterhitze: etwa 180 °C, Heißluft: etwa 160 °C

**Rührteig:**
Schokolade in der Mikrowelle schmelzen.
Pflanzenöl, Zucker, Hafermilch, Apfelmus verrühren.
Speisestärke, Backpulver, Salz und Mehl hinzufügen und mit dem Mixer (Rührbesen) verquirlen.
Den Teig in die Form geben mit Walnüssen bestreuen und für ca. 35 Min. in den Ofen schieben.

**Pudding-Füllung:**
Sojamilch aufkochen und Puddingpulver einrühren.
Kurz aufkochen und auskühlen lassen.
Kalten Pudding mit der Gabel zerdrücken.
Kuchen 1-mal durchschneiden. Pudding auf den Boden streichen und zweiten Boden rauf legen.

# Stachelbeer-Torte

Springform 26 cm | Zubereitungszeit: ca. 35 Min.

**Boden:**
125 g Butter
150 g glutenfreie Butterkekse
(z.B. von Schär)
200 g Frischkäse
2 Eier
80 g Zucker

300 ml Wasser
15 g Speisestärke
3 EL Zucker

**Baiser Schicht:**
3 Eiweiße
40 g Zucker

**Obst Schicht:**
500 g Stachelbeeren

**Vorbereitung:**
Boden der Backform fetten und mit Backpapier auslegen.
Den Backofen vorheizen.
Ober-/Unterhitze: etwa 180 °C, Heißluft: etwa 160 °C

**Boden:**
Die Butter schmelzen. Butterkekse zerbröseln, mit der geschmolzenen Butter vermischen und auf den Boden der Backform drücken. Den Frischkäse, die Eier und den Zucker verrühren, auf den Tortenboden streichen und ca. 30 Min. backen.

**Obst Schicht:**
3 EL Wasser mit Speisestärke anrühren.
Stachelbeeren mit Wasser und Zucker 1 Min. köcheln lassen und Speisestärke einrühren.
Obst auf dem Boden verteilen und auskühlen lassen.

**Baiser Schicht:**
Eiweiß und Zucker mit dem Mixer (Rührbesen) steif schlagen und auf dem Kuchen verteilen.
Den Backofengrill auf 180 °C aufheizen und den Kuchen 3 Min. backen.

**Kuchen**
hebt die Stimmung
**stärkt die Nerven**
*und macht*
glücklich

## *Favoriten*

Eierlikör-Torte
Orangenkuchen
schneller Bienenstich
weiße Rumkugel
Schokotarte mit Heidelbeeren

# Eierlikör-Torte

Springform: 26 cm | Zubereitungszeit: ca. 50 Min.

**Rührteig:**
4 Eier
140 g Zucker
1 Päck. Vanillezucker
1 TL Zimt
30 g Mehl
1 gestr. TL Backpulver
200 g gemahlene Haselnüsse
100 g geriebene Blockschokolade
50 g Butter

**Belag:**
2 EL Kirsch-Konfitüre
1 Glas Schattenmorellen (je ca. 350 g)
500 ml Schlagsahne
15 g Zucker
1 Päck. Vanillezucker
20 g Schokoraspeln
2 Beutel (je 15 g) Gelatine Fix von Dr. Oetker
Spritzbeutel mit Spritztülle (z.B. Größe 13)

**Likör-Schicht:**
125 ml Eierlikör
10 g Gelatine Fix von Dr. Oetker

**Vorbereitung:**
Schattenmorellen abgießen und gut abtropfen lassen.
100 g Blockschokolade mit der Reibe zerkleinern.
Backform fetten und den Backofen vorheizen.
Ober-/Unterhitze: etwa 180 °C, Heißluft: etwa 160 °C

**Rührteig:**
Eier, Zucker, Vanillezucker und Zimt 2 Min. mit dem Mixer (Rührbesen) verquirlen.
Mehl und Backpulver in die Schüssel sieben und langsam einrühren.
Haselnüsse und die geriebene Blockschokolade hinzufügen.
Zuletzt die Butter unterziehen.
Den Teig in die Form geben und ca. 35 Min. backen.
Anschließend auskühlen lassen.

**Belag:**
Den Tortenboden mit der Kirsch-Konfitüre bestreichen.
Dabei einen 1 cm breiten Rand lassen.
Kirschen drauf verteilen. Schlagsahne mit Zucker und Vanillezucker steif schlagen.
Die Hälfte der Sahne auf die Kirschen geben und glatt streichen.
Den Rest Sahne in ein Spritzbeutel (Sterntülle) geben und den Rand verzieren.
Schokoraspeln auf die Sahnehauben streuen.
Den Kuchen 1 Std. kühl stellen.

**Likör-Schicht:**
Eierlikör und Gelatine mit dem Schneebesen verquirlen und die Tortenmitte damit ausfüllen.
Eine weitere Stunde kühl stellen.

# Orangenkuchen

Kastenform: 11 x 25 cm | Zubereitungszeit: ca. 20 Min.

**Rührteig:**
2 Bio Orangen
250 g Butter
200 g Puderzucker
1 Prise Salz
5 Eier
250 g Mehl
2 TL Backpulver
75 g feine Haferflocken
50 g Speisestärke

**Deko:**
etwas Puderzucker

**Vorbereitung:**
Orangen heiß abwaschen und trocknen. Die Schale von den Orangen abreiben und den Saft auspressen.
Backform fetten und mit Mehl ausstreuen.
Backofen vorheizen.
Ober-/Unterhitze: etwa 180 °C, Heißluft: etwa 160 °C

**Rührteig:**
Butter mit Puderzucker, Orangenschale und Salz mit dem Mixer (Rührbesen) cremig schlagen. Eier nach und nach unterrühren.
Mehl mit Backpulver, Haferflocken und Speisestärke mischen.
Mit 4 EL Orangensaft unter den Teig rühren und in die Backform geben. Den Kuchen für ca. 60 Min. in den Ofen schieben.
Nach dem Backen etwas auskühlen lassen und aus der Form stürzen. Den heißen Kuchen mit einem Holzspieß mehrmals einstechen und mit dem restlichen Orangensaft beträufeln.
Den Kuchen abkühlen lassen und mit Puderzucker bestäuben.

# Schneller Bienenstich

Springform: 26 cm | Zubereitungszeit: ca. 20 Min.

**Boden:**
5 Eier
230 g Zucker
150 g Mehl
1 TL Backpulver
1 Päck. Vanillezucker
1 TL Zitronenabrieb (Bio)
100 g Mandelblättchen

**Creme:**
600 ml Schlagsahne
1 Päck. Vanille Puddingpulver (zum kalt anrühren)

**Vorbereitung:**
Backform fetten und mit Backpapier auslegen.
Backofen vorheizen.
Ober-/Unterhitze: etwa 180 °C, Heißluft: etwa 160 °C

**Boden:**
Eier und Zucker mit dem Mixer (Rührbesen) schaumig schlagen.
Mehl und Backpulver in die Masse sieben und mit Vanillezucker und Zitronenabrieb unterheben.
Teig in die Form geben und Mandeln gleichmäßig darauf verteilen.
Im Ofen ca. 30 Min. backen.
Den ausgekühlten Boden einmal durchschneiden.

**Creme:**
Sahne mit dem Vanillepuddingpulver verquirlen.
Die Creme auf den Kuchenboden streichen, die zweite Hälfte darauflegen und leicht andrücken.

# Weiße Rumkugel

Springform: 26 cm | Zubereitungszeit: ca. 45 Min. | ca. 20 Stück

**Rührteig:**
170 g Butter
180 g weiße Kuvertüre
3 Eier
170 g Mehl
70 ml Rum

**Guss:**
150 g Kuvertüre

**Vorbereitung:**
Backform fetten und Ofen vorheizen.
Ober-/Unterhitze: etwa 180 °C, Heißluft: etwa 160 °C

**Rührteig:**
Butter mit Kuvertüre unter Rühren im Topf schmelzen.
Etwas abkühlen lassen. Eier mit dem Mixer (Rührbesen) verquirlen.
Butter-Schoko-Masse dazugeben und Mehl unterheben.
Teig in die Form geben und ca. 20 Min. backen.
Kuchen auskühlen lassen und fein zerbröseln.
Den Rum hinzufügen und zu kleinen Kugeln formen.

**Guss:**
150 g Kuvertüre langsam schmelzen. Mit dem Löffel etwas Kuvertüre auf die Kugeln tropfen und auf einem feinen Gitter die Kugeln hin und her rollen.

# Schoko-Heidelbeer-Tarte

Springform: 26 cm | Zubereitungszeit: ca. 40 Min.

**Boden:**
85 g Butter
1 Ei
1 Prise Salz
60 g Puderzucker
170 g Mehl
2 EL gemahlene Mandeln

**Füllung:**
260 g weiße Kuvertüre

430 g Creme Fraîche
3 Eigelbe

**Belag:**
400 g Heidelbeeren
250 ml Wasser
12 g Speisestärke
2 EL Zucker

**Vorbereitung:**
Backform fetten. Den Backofen vorheizen.
Ober-/Unterhitze: etwa 180 °C, Heißluft: etwa 160 °C

**Boden:**
Butter, Ei, Salz und Puderzucker in die Schüssel sieben.
Mit dem Mixer (Knethaken) verquirlen.
Mandeln und Mehl hinzugeben. Den Teig auf dem Boden der Form andrücken und einen Rand hochziehen.
Im Ofen ca. 15 Min. backen.

**Füllung:**
Kuvertüre schmelzen und mit Creme Fraîche verquirlen. Eigelbe unterrühren und die Creme auf den ausgekühlten Boden geben.

**Belag:**
Heidelbeeren auf der Creme verteilen. Wasser mit Speisestärke verrühren. Zucker hinzugeben und aufkochen lassen.
Den Guss mit einem Esslöffel über die Heidelbeeren geben.

# Inhalt

| Seite | Titel |
|---|---|
| 150 | **A**pfel-Dinkel-Kuchen V |
| 14 | Apfel-Mohn-Torte |
| 180 | Apfel-Mohn-Kuchen G |
| 182 | Apfel-Pudding G |
| 82 | Apfelschorlen-Torte |
| 140 | Apfel-Zucchini-Kuchen |
| 152 | Avocado-Kokos-Waldbeere V |
| 86 | **B**aileyskuchen |
| 112 | Baileys-Torte |
| 18 | Bananenkuchen |
| 22 | Birne-Eierlikör |
| 116 | Birne-Haselnuss-Streusel |
| 24 | Birne-Kokos |
| 230 | Bienenstich |
| 64 | Brownie hell und dunkel |
| 184 | **C**appuccino-Torte G |
| 142 | **D**attel Balls |
| 224 | **E**ierlikör-Torte |
| 28 | Erdbeerkuchen |
| 186 | Erdnuss-Taler G |
| 118 | **F**eige-Walnuss-Amaretto |
| 98 | Flocken-Mandarinen-Torte |
| 88 | Friesischer Kuchen |
| 30 | **G**edeckter Apfelkuchen |
| 90 | Grüntee-Apfel-Torte |
| 34 | Grüntee-Himbeer-Torte |
| 188 | **H**afer-Whoopies G |
| 124 | Haselnusskuchen |
| 38 | Heidelbeerkuchen |
| 190 | Himbeer-Brownie G |
| 40 | Himbeer-Sahne-Crunch |
| 92 | **J**ohannisbeer-Joghurt |
| 192 | Joghurtcreme Torte G |
| 198 | **K**iba-Torte |
| 156 | Kirsch Brownie V |
| 158 | Kirschstreusel V |
| 65 | Kokos-Brownie |
| 126 | Kokos Sandkuchen |
| 94 | Käsekuchen mit Mohn |
| 196 | Käsekuchen mit Pfirsich G |
| 42 | Käsekuchen-Waldbeeren |
| 67 | **L**atte Macchiato |
| 96 | Limetten-Erfrischung |
| 128 | **M**andarine-Kokos |
| 120 | gebr. Mandelkuchen |
| 160 | Mandelkuchen V |
| 202 | Mandarine-Quark G |
| 100 | Marzipan-Stachelbeer-Torte |
| 204 | Mohn-Rhabarber-Streusel G |
| 70 | **N**ougat-Birne-Torte |
| 162 | Nussecken V |
| 206 | Nusstorte G |
| 50 | **O**rangen-Chia-Sandkuchen |
| 228 | Orangenkuchen |
| 46 | Orangen-Upside-Down |
| 54 | **P**flaume-Mohn |
| 56 | Pflaumenkuchen |
| 210 | Pfaumenkuchen G |
| 58 | Pflaumenkuchen mit Baiser |
| 208 | Pfirsich-Creme G |
| 104 | Pflaumentorte |
| 130 | Pistazien-Espresso-Taler |
| 166 | Prosecco-Mandarine V |
| 212 | **R**habarber Kuchen G |
| 60 | Rhabarber-Tarte |
| 232 | Rumkugel |
| 132 | Rührkuchen mit Karamell |
| 214 | **S**ahne-Torte G |
| 168 | Sanddorn-Joghurt-Kuchen V |
| 216 | Sanddorn-Käsekuchen G |
| 74 | Schoko-Erdnuss Karamell |
| 170 | Schoko-Kecks-Ecken V |
| 172 | Schokokuchen mit Orange V |
| 76 | Schokoladent. mit Himbeeren |
| 72 | Schoko-Sahne-Traum |
| 218 | Schoko-Torte G |
| 134 | Sesam-Erdnuss-Taler |
| 220 | Stachelbeer-Baiser G |
| 144 | Stachelbeer mit Dinkelmehl |
| 146 | Süßkartoffel Kekse |
| 136 | **W**eiße Nussecken |
| 78 | Whiskey-Brownie |
| 174 | **Z**itronen-Tarte V |